LEADER VON HEUTE

10 Führungskompetenzen einer modernen und erfolgreichen Führungskraft

Alexander Große

Alle Ratschläge in diesem Buch wurden vom Autor und vom Verlag sorgfältig erwogen und geprüft. Eine Garantie kann dennoch nicht übernommen werden. Eine Haftung des Autors beziehungsweise des Verlags für jegliche Personen-, Sach- und Vermögensschäden ist daher ausgeschlossen.

Leader von heute: 10 Führungskompetenzen einer modernen und erfolgreichen Führungskraft

Für Fragen und Anregungen:
Onlinebuecher.ecommerce@web.de

Hinterlassen Sie uns gerne eine Rezension auf Amazon.
Auflage 2021

INHALT

Vorwort

Sie haben sich das Ziel gesetzt, eine bessere Führungskraft zu werden? Dann ist dieses Buch genau das richtige für Sie! Während sich andere Ratgeber zum Thema Leadership stets darauf konzentrieren, wie man es am besten nicht macht, erhalten Sie in diesem Ratgeber wertvolle Tipps und Inspirationen, die Sie in Ihrem Alltag als Führungspersönlichkeit einbringen können.

Neben verschiedenen relevanten Themen zum Thema Führungskompetenzen und Führungsstil bietet Ihnen dieser Ratgeber Situationsbeispiele aus dem Unternehmensalltag, um einen unmittelbaren Praxisbezug herzustellen.

Denn Nichts ist schlimmer, als sich bei solch menschennahen Themen ausschließlich mit der Theorie zu beschäftigen. Eine Gute Führung beginnt immer bei einem selber. Daher wird in diesem Ratgeber auch intensiv auf das Thema Selfcare eingegangen. Dies wird immer unterschätzt, aber wenn Sie selber nur gestresst, mies gelaunt und ausgelaugt sind, können Sie in der Praxis keinen langfristigen Erfolg als Führungskraft erzielen. Lernen Sie die Themen Selbstmotivationen und Resilienz kennen, lassen Sie sich von leckeren Rezeptideen inspirieren und tauchen Sie nach Ihrem stressigen Alltag als Führungskraft ab in eine Welt der Entspannung dank der 10 vorgestellten Techniken.

Einleitung

„Schlechte Führung kostet Unternehmen jährlich Milliarden. Gerade in einer Krise können sich Unternehmen diese Haltung weniger denn je leisten."

- Pa Sinyan, Europachef von Gallup -
(Studie Gallup Engagement Index)

Dieses Zitat aus dem Podcast *New Work Stories* verdeutlicht das Dilemma moderner Führung. Natürlich ist der Fakt, dass schlechte Mitarbeiter Geld kosten, nicht neu. Führungskräfte verdienen allerdings in der Regel ein Vielfaches von dem durchschnittlichen Mitarbeitergehalt. Dass das Unternehmen folglich auch höhere Ansprüche an uns stellt, ist also auch völlig gerechtfertigt. Denn wenn wir schlechte Arbeit leisten, kostet es das Unternehmen enorm viel Geld. Zudem kehren viele Mitarbeiter der Firma den Rücken zu, wenn die Führungskraft sich Ihnen gegenüber nicht richtig verhält. Selbst wenn vakante Stellen immer schnell neu besetzt werden, kostet das die Unternehmen eine Menge Geld. Denn neue Mitarbeiter benötigen in den ersten Monaten mehr Aufmerksamkeit und Zeit als bestehende Mitarbeiter. Der ideale Mitarbeiter ist der Firma gegenüber loyal und in der Regel mehrere Jahre dort beschäftigt.

Gute Teamführung sollte sich neben den Unternehmenszielen also auch immer stärker mit den Bedürfnissen der einzelnen Teammitgliedern auseinandersetzen. Dabei dürfen die Ziele des Unternehmens natürlich nicht untergehen. Wie stelle ich das an, fragen Sie sich?

Gute Teamführung ist der gelungene Spagat zwischen Erfolgsbilanzen und Personalmanagement.

In diesem Ratgeber zeige ich Ihnen, wie Sie diesen Spagat hinkriegen!

Aber bevor ich Sie auf die Reise zur besseren Führungskraft mitnehme, müssen wir uns zunächst damit auseinandersetzen, wieso es uns Führungskräfte überhaupt braucht und wie sich die Anforderungen an uns in den letzten Jahren verändert haben.

Denn damit Sie Ihr Team künftig noch erfolgreicher führen können, müssen Sie sich mit dem Wandel der modernen Arbeitswelt auseinandersetzen. Was ich mit Wandel meine? Nun, grob gesagt: Alles! Der Wandel bezieht sich auf alle Bereiche des Leaderships, vom Personal- bis hin zum Entscheidungsmanagement. Wenn Sie nach langfristigem Erfolg als Führungskraft streben, ist das Verständnis für den Wandel in den verschiedenen Bereichen essentiell.

WARUM EIN UNTERNEHMEN FÜHRUNGSKRÄFTE BRAUCHT

Warum gibt es uns Führungskräfte eigentlich, wieso werden wir in Unternehmen gebraucht? Wenn Sie diese Frage nicht beantworten können, ist es fast unmöglich, dass Sie sich erfolgreich selber führen, was wiederum der wichtigste Ausgangspunkt für eine erfolgreiche Führung eines Teams, Bereichs oder eines ganzen Betriebs ist.

Doch die Frage, warum es eigentlich Führungskräfte braucht, wird meist weder in den vielen Kursen zum Thema Leadership, noch in der äußerst umfangreichen Fachliteratur, behandelt. Es scheint fast so, als ob Führungskräfte als ein konstanter und regulärer Bestandteil der Welt betrachtet werden, so wie die Erde und der Himmel – Und das kommt nicht von ungefähr.

Arbeiten und Problemlösen war sicherlich schon immer eine komplexe Angelegenheit, aber erst seit den letzten Jahrzehnten ist uns das richtig bewusst geworden. Komplexe Sachverhalte gehen immer mit einer fehlenden Orientierung über die jeweilige Lage einher. Wären sich alle Menschen durch charakteristische Gefühle wie Durst, Hunger oder Schmerzen, die auf gesundheitliche Defizite hinweisen, bewusst, wäre dies kein Problem. Da dies leider nicht der Fall ist, braucht es Menschen, die aufmerksam sind und erkennen, wo die notwendige Orientierung fehlt und die wissen, wie man sie sucht, findet, erreicht und langfristig erhält. Führungskräfte sind dazu da, in komplexen Verhältnissen verlässliche Orientierung für eine sinnvolle und zielorientierte Ordnung zu gewährleisten. Das erste Ziel für Führungskräfte muss es dabei sein, mangelnde Orientierung zu erkennen – zuallererst bei sich selbst und erst dann bei anderen. Daraus wird deutlich, bei wem und wo sie intervenieren müssen.

Dem menschlichen Gehirn fehlt es nicht nur an einer Signalfunktion für eine Orientierungslosigkeit, die deutlich macht, dass es situationsbezogener Informationen bedarf. Der Mensch kann sich leider auch perfekt einbilden, dass er sich auskennt, auch wenn er sich in Wahrheit gar nicht auskennt. Diese systemimmanente Orientierungslosigkeit über systemimmanente Orientierungslosigkeit macht es ohne entsprechende Qualifizierung sehr schwer, Teams, Organisationsbereiche oder ganze Firmen erfolgreich zu führen. Zum einen können Führungskräfte sich selbst täuschen, zum anderen können sie auch getäuscht werden. Außerdem ist es nicht gerade leicht, Menschen, die sich nicht auskennen, es sich aber einbilden, zu verdeutlichen, dass sie sich nicht auskennen.

Nur wenn Sie als Leader die spezifischen Orientierungsdefizite bei sich und Ihren Mitarbeitern bereits vor allen anderen erkennen, können sie ihren Verantwortungsbereich auch langfristig erfolgreich anführen. Sie brauchen also die entsprechende Qualifikation, um vorhandene Orientierungsdefizite zu erkennen und diese richtig zu diagnostizieren.

Hier ein Gedankenmodell dazu: Alles auf dieser Welt interagiert in hochkomplexen Systemen. Da kein Gehirn in der Lage ist, komplexe Zusammenhänge vollständig zu entschlüsseln, ist jede Situation für jeden Menschen mit einem Informationsdefizit und damit mit einem Orientierungsmangel verbunden. Die Frage ist daher: Ist eine Orientierungslosigkeit in einer bestimmten Situation kritisch oder aber nicht? Das kann nur derjenige erfolgreich beurteilen, der genau verstanden hat, wie der jeweilige Systemkomplex funktioniert. Denn davon hängt letztendlich ab, ob und inwiefern fehlende Orientierung ein Risiko oder Problem ist.

Die notwendige Orientierung zu geben ist wohl die anstrengendste und auch anspruchsvollste Aufgabe als Leader. Denn nur wenn die Gehirne der Teammitglieder dasselbe im Kopf haben wie die der Teamleader in Bezug auf die jeweilige Situation, genügt es, ihnen einfach mitzuteilen, worauf sie achten, was sie denken und was sie tun sollen. Meistens ist dies jedoch nicht der Fall, deshalb brauchen Leader auch die Qualifikation, zu erkennen, wie Menschen an sich sind und was konkret angemessen ist. All dies findet in Black Boxes statt. Wie man dennoch das Entscheidende erkennen kann, zeigen die Grundlagen der entsprechenden Systemwissenschaften auf, allen voran der Kybernetik. Komplexe Systeme offenbaren immer, was sie für ihre Produktivität brauchen. Was in einem einfachen System wie bei einer Schere eine verschmutzte Klinge oder eine fehlende Schraube ist, ist in komplexen Systemen allerdings selten bis nie nur ein einzelner Faktor, sondern ein vielschichtiger Wirkungskomplex vieler, wenn auch nicht aller, Faktoren. Es ist unmöglich, in diesem Zusammenhang zu erklären, wie man einen relevanten Wirkungskomplex identifiziert, bewertet und schließlich so gestaltet, dass es zu höchstmöglicher Effizienz und Lebensfähigkeit führt. Es gibt aber einen sehr einfachen und klar erkennbaren Hauptindikator, der genau aufzeigt, an welcher Stelle Führung benötigt wird.

Mangelnde oder gar fehlende Verlässlichkeit ist immer und überall ein sicherer Hinweis darauf, dass Führung nötig ist. So zeigen Systeme an, dass etwas nicht passt. Das kann irgendeine Person, die nicht zuverlässig agiert, eine Frist, ein Commitment oder einen Vertrag nicht einhält, etwas nicht versteht oder nicht tun kann. Oder aber etwas nicht Menschliches passt oder funktioniert nicht effizient, beispielsweise ein Gerät, eine Maschine, ein Rohstoff, ein Mittel oder aber der Prozess an sich. Die Fokussierung auf Zuverlässigkeit ist daher für alle Unternehmen und Institutionen empfehlenswert. Denn damit verschwindet alles Innovationsverhindernde, Kontraproduktive, Produktivitätshemmende und unnötige Kosten verursachende wie von Zauberhand. Es wird deutlich, warum Leader und Mitarbeiter überhaupt auf der Gehaltsliste stehen und wofür sie eigentlich arbeiten müssen. Dann verschwindet auch ein Großteil der komplexitätsbedingten Unsicherheit, Undurchsichtigkeit, Unberechenbarkeit und Volatilität wie von selbst.

Leader müssen im Gegensatz zu den anderen Mitarbeitern in der Lage sein, die folgende Frage zuverlässig beantworten zu können: Was brauchen die einzelnen Beziehungen und das Gesamtsystem, damit die spezifischen Zwecke und Ziele zuverlässig realisiert werden können? Daraus wird deutlich, was oder wer verlässlich funktionieren muss, in welcher Hinsicht Verlässlichkeit von den Mitarbeitern gefordert werden muss und in welchen Fällen ein Eingreifen notwendig ist. Das erste, was in Unternehmen verlässlich agieren und reagieren muss, sind aber deren Führungsetagen. Denn auf sie müssen Kollegen, Kunden, Mitarbeiter, Lieferanten etc. jederzeit bauen können. Oftmals hört man in diesem Zusammenhang das Sprichwort "Der Fisch stinkt immer vom Kopf" – Und auf die meisten Missstände in Unternehmen trifft das leider zu 100 % zu. Haben Sie als Führungskraft den Mut, Dinge zum Besseren zu verändern!

Wenn Sie erfolgreich führen wollen, müssen Sie die folgenden Fragen zunächst einmal für sich selbst vorbildlich geklärt haben, bevor Sie Ihre Mitarbeiter dazu ermuntern, sich diese immer wieder zu stellen:

- Kann man sich auf meine Entscheidungen, Urteile und Versprechen verlassen?
- Kann man mir vertrauen, dass ich meinen Arbeitsstil selbst reflektiere und auch rechtzeitig kommuniziere, wo eine bessere Führung nötig ist?

- Kann man mir vertrauen, dass ich stets zum Besseren eingreife?
- Kann man mir vertrauen, dass ich als Erster erkenne, wenn auf mich kein Verlass ist und ich dies dann auch rechtzeitig an die richtige Adresse kommuniziere?
- Und vor allem die Frage: Was läuft in meinem Verantwortungsbereich nicht verlässlich? Denn das verrät, woran gearbeitet werden muss.

CORPORATE MONKEYS

Die Art und Weise, wie wir zusammenarbeiten, befindet sich im Umbruch. Flache Hierarchien, ein hohes Maß an Eigenverantwortung und viel Selbstbestimmung – Die Mitarbeiter der Zukunft wollen den Unternehmensalltag mitgestalten. Sie organisieren sich als Gemeinschaften – lösungsorientiert, hoch flexibel und nicht immer berechenbar.

Diese Entwicklung erfordert neue und innovative Antworten auf die Frage, wie Teamarbeit langfristig funktionieren kann. Wenn die Unternehmensführung hierbei den Anschluss verpasst, ist das Fundament des künftigen Erfolgs brüchig. Bei guter Teamführung geht es darum, die richtigen Leute an den richtigen Stellen mit den richtigen Herausforderungen zu konfrontieren. Gute Führung bedeutet besseres Teamwork, diese Rechnung ist logisch und einfach. Und mehr noch: Sie wird in Zukunft kriegsentscheidend sein.

Viele Unternehmen haben das bereits erkannt. Und andere werden, hoffentlich, zeitnah folgen.
Die Zeit ist reif für mehr Mitarbeiter-Freiheiten!

Aber da gibt es zwei gravierende Probleme:
Erstens will nicht jeder Manager die Mitarbeiter kreativ und eigenständig sein lassen, zweitens kann nicht jeder Manager seine Mitarbeiter kreativ und eigenständig sein lassen. Klingt nach ähnlichen Problemen, meint aber tatsächlich zwei unterschiedliche Dinge. Es gibt jene, die grundsätzlich einem lockereren Führungsstil ablehnen und jene, die zwar eigentlich offen für diese Entwicklung sind, denen es aber an Kompetenzen, Erfahrungen oder Mitteln mangelt, einen angepassten Führungsstil zu etablieren. Oftmals spielt auch das Vertrauen, dass Ihnen von Ihrem Chef entgegengebracht wird, eine große Rolle. Die Wahrscheinlichkeit, dass Sie vertrauensvoller und weniger hierarchisch führen, ist natürlich höher, wenn es Ihnen von Ihrem Chef so vorgelebt wird und Sie zudem auch das Vertrauen genießen, Änderungen in der Führungsweise in Ihrem Team durchführen zu dürfen.

Die meisten von uns haben Führung auf eine andere Art und Weise gelernt, nämlich als ein System von Hierarchien und Abhängigkeiten. Bei manchen ist diese Tendenz etwas stärker aus-geprägt und bei manchen etwas weniger. Doch so gut wie in jeder Firma gibt es diese spezielle Sorte von hierarchieverliebten Kontrollfanatiker: Manager, die sich in der Zwangsjacke der Abhängigkeiten rundum wohlfühlen.

Sie tragen die richtigen Business-Klamotten, sie schwingen sich, mehr oder weniger, elegant die Karriereleiter hinauf, indem sie die richtigen Hintern im Vorbeigehen küssen und sie scheinen immer im Vorteil, weil sie zum richtigen Zeitpunkt die richtigen Dinge zu den richtigen Personen sagen. Doch so sehr sie sich auch nach außen als perfekt inszenieren, so irrelevant sind dennoch die Dinge, die sie sagen und tun.

Diese Menschen werden umgangssprachlich als Corporate Monkeys, kurz COMOs, bezeichnet.

Aber sind wir mal ehrlich: So ein bisschen COMO steckt doch in uns allen. Man könnte sogar sagen, dass der COMO die linke lahme Hand des Teamführers in uns ist. Unser innerer COMO ist eigentlich nicht so scharf auf die Veränderungen und Freiheiten, die mit dem Wandel der Arbeitswelt und der Führungsstrukturen einhergehen. Er fühlt sich pudelwohl in den hierarchischen Abhängigkeiten und profitiert mehr oder weniger sogar von diesem System. Aber Vorsicht: Lassen Sie den COMO in sich nicht die Oberhand gewinnen! Ihre Mitarbeiter werden im Schnitt weniger zufrieden sein mit ihrem Job und dem Teamwork. Wenn Mitarbeiter und Leader nicht bei diesem Wandel nicht gemeinsam an einem Strang ziehen, werden unsere Firmen bald den Super Bowl vor leeren Rängen spielen.

Der Mitarbeiter der Zukunft sowie als sein Vorbild erst recht der Leader selber, ist ein Hybrid aus Einzelkämpfer und Teamplayer: eigenverantwortlich, kreativ und zugleich hoch anpassungsfähig. Dieser Widerspruch kann einzig und allein durch Freiheit als Leaderprinzip aufgelöst werden. Bedeutet: Weniger hierarchische Strukturen im Leadership und mehr Spielraum, Möglichkeiten und Freiheiten für das einzelne Teammitglied.

Die Formel V für den Weg in diese Zukunft der Arbeitswelt lautet:
Verantwortung, Vertrauen, Verpflichtung, Vorbild.

Wenn Sie als Führungskraft Ihren Mitarbeitern nicht vertrauen, haben Sie Mitarbeiter, die sich nicht trauen, etwas zu tun. Wenn Sie wollen, dass Ihre Mitarbeiter selbstständig Entscheidungen treffen und handeln, müssen Sie dementsprechend mit gutem Beispiel vorangehen.

Wenn Sie von ihnen erwarten, dass sie Verantwortung für die gemeinsamen Team- und Unternehmensziele übernehmen, müssen Sie sich als verantwortungsvoller Leader zeigen und sich selbst dem großen "Wir" verpflichten.

Die vier V's sind die Säulen der Freiheit in der neuen Art der Teamführung. Wenn Sie sie nicht respektieren, werden Sie langfristig kein erfolgreiches Team führen und früher oder später und dem Druck der Freiheit der neuen Arbeits- und Führungswelt zusammenbrechen.

Der Druck, sich zu verändern, ist groß. Und er wächst von Tag zu Tag. Denn wir wollen unsere besten

Mitarbeiter schließlich nicht an einen Konkurrenten verlieren, der bereit ist, ihnen den nötigen Freiraum zu geben – nur weil wir es nicht wollten oder nicht konnten. Deshalb sollten Sie unbedingt das unmittelbare Zusammenspiel von Unzufriedenheit und Leaderkultur sehr ernst nehmen. Denn genau jene Mitarbeiter, die mehr Freiheit fordern, sind letztendlich genau diejenigen, die wir in unseren Teams der Zukunft benötigen, um langfristig Erfolg zu haben.

Wenn Sie versuchen, freie Menschen als unfreie Führungskraft zu führen, werden Sie scheitern.

Leadership erklärt

AUFGABEN EINER FÜHRUNGSKRAFT

Führungskräfte haben Personalverantwortung gegenüber ihres Teams oder sogar dem gesamten Unternehmen gegenüber. Sie nehmen dabei verschiedene Führungsaufgaben wahr. Einer-seits müssen Sie die Interessen der eigenen Abteilung in anderen Bereichen vertreten, anderer-seits sind Sie je nach Hierarchie auch direkter Ansprechpartner für die Geschäftsführung und maßgeblich verantwortlich für die Planung und Umsetzung der Strategien.

Dies führt dazu, dass Leader oftmals unter großem Druck stehen und „zwischen zwei Stühlen" gefangen sind. Deshalb müssen sie sehr flexibel und belastbar sein, Initiative zeigen und jederzeit verantwortungsbewusst im Sinne des Unternehmens und ihres Teams handeln. Um gute Ergebnisse zu erzielen, ist eine ausgewogene und gute Zusammenstellung des Teams essentiell. Jeder

Mitarbeiter muss besonders gefordert und gefördert und an der richtigen Stelle eingesetzt werden. Nur so können anfallende Aufgaben entsprechend delegiert werden, um den Leader zu entlasten und die Produktivität des Teams zu steigern. Viele Führungskräfte kommen dank ihres Fachwissens, also der rein fachlichen Kompetenz, an einen Leader-Posten. Doch die Fachkompetenz reicht nicht, um ein Team erfolgreich zu führen. Es ist daher neben den rein betrieblichen Aufgaben eines Leaders wichtig, dass auch Führungskräfte sich regelmäßig weiterbilden, ihre Führungs-kompetenzen ausbauen und einen passenden Führungsstil etablieren.

Das Wichtigste ist jedoch, dass Sie als Führungskraft flexibel sind und situativ die richtige Führungsrolle einnehmen.

Disziplinarischer Vorgesetzter
Es ist Ihre Aufgabe, das allgemeine Unternehmenswohl zu gewährleisten, indem Sie die Einhaltung von Prinzipien und Regeln bewahren. Doch Vorsicht: Niemand hat es gerne, wenn jemand „den Chef raushängen lässt“. Streben Sie stattdessen immer das beste Ergebnis an, indem Sie Ihren Mitarbeitern wertschätzend begegnen. Ihre Leitfrage sollte dabei sein: „Wie setze ich die Vorgaben effektiv durch?“.

Mitunternehmer
Als Leader sollten Sie immer die positive Weiterentwicklung des Unternehmens bestärken. Das gelingt zum Beispiel durch Strategieentwicklungen, wirtschaftliche Ent-

scheidungen oder das Vorantreiben von Innovationen. In der Rolle des Mitunternehmers tragen Sie die Unternehmenskultur mit, übernehmen Verantwortung und übernehmen das Krisenmanagement. Die Leitfrage sollte dabei sein: „Welchen Beitrag kann ich zum ökonomischen Erfolg der Firma leisten?“.

Coach/Mentor

Ihre Aufgabe ist es, Ihren Mitarbeitern Hilfe zur Selbsthilfe zu leisten. Es geht nicht darum, jedes kleine Problemchen für die Mitarbeiter zu lösen. Vielmehr geht es darum, dass Sie als Leader die passenden Rahmenbedingungen schaffen, sodass die Mitarbeiter Ihre Probleme selbstständig lösen können. Die Leitfrage ist: „Wie begleite ich meine Mitarbeiter bei ihren individuellen Herausforderungen?“.

Personalentwickler

Communication is king – Das gilt besonders im beruflichen Umfeld. Wenn Sie Ihre Mitarbeiter erfolgreich führen wollen und sie langfristig an Ihr Unternehmen binden wollen, müssen Sie ihre beruflichen Wünsche und Ziele zur Weiterentwicklung kennen. Reden Sie mit Ihren Mitarbeitern, führen Sie Feedback-Gespräche, äußern Sie konstruktiv Kritik, bieten Sie passende Weiterbildungsmöglichkeiten an – Nur so können Sie langfristig erfolgreich führen. Stellen Sie sich dabei folgende Leitfrage: „Wie kann ich meine Mitarbeiter fördern und weiterentwickeln?“.

Fachmann/Fachfrau
Auch wenn die Fachkompetenz nie der einzige Grund sein sollte, weshalb man zur Führungs-kraft geworden ist, ist dies dennoch eine wichtige Rolle. Nicht nur deshalb, weil Sie Ihren Mitarbeitern dadurch ein gutes Vorbild sind, sondern vielmehr für die nötige Agilität und Professionalität Ihrer fachlichen Entscheidungen. Die Leitfrage dabei sollte sein: „Wie kann ich die Probleme meiner internen und externen Kunden effektiv lösen?“.

Facilitator
In dieser Rolle beseitigen Sie Hindernisse, die dem Erfolg Ihres Teams oder des Unternehmens im Weg stehen. Das können beispielsweise schlechte Prozesse, mangelnde Kommunikations-struktur oder auch die falsche Mitarbeiterstruktur sein. Ihre Leitfrage dabei: „Wie räume ich Hindernisse aus dem Weg?“.

WAS SIND FÜHRUNGSKOMPETENZEN?

Führung bedeutet, die Mitarbeiter zu beeinflussen und zu motivieren, sodass bestimmte Ziele innerhalb eines definierten Zeitraums erreicht werden. Der Begriff „Führungskompetenz“ bezeichnet dabei die verschiedenen Fähigkeiten, die für eine erfolgreiche Führung wichtig sind. Dabei geht es konkret um eine Kombination aus Erfahrungen, Kenntnissen, Persönlichkeitsmerkmalen sowie Verhaltensweisen.

Oftmals werden für das Beschreiben dieser Fähigkeiten als Ganzes auch die Begriffe „Leitungskompetenzen“, „Leaderkompetenzen“ oder auch „Führungs-qualitäten“ verwendet. Sie alle bezeichnen das Gleiche: Welche Eigenschaften jemand mitbringen muss, der langfristig erfolgreich ein Team führen will.

10 FÜHRUNGSKOMPETENZEN EINES TOP-LEADERS

Damit Sie einen Überblick haben, welche Kompetenzen Sie als moderne Führungskraft brauchen, folgen hier meine Top 10 Führungskompetenzen inklusive Tipps zur Umsetzung. Die meisten davon orientieren sich an der Russell-Reynolds-Associates-Studie aus dem Jahr 2017, in der die wichtigsten Kompetenzen eines Leaders im Vergleich zwischen regulären Führungskräften und CEOs untersucht wurden. CEOs verfügen über die hier aufgeführten Kompetenzen, was sie im Vergleich zu besonders leistungsfähigen Führungskräften macht. Das bedeutet nicht, dass Sie alle hier genannten Kompetenzen besitzen müssen. Es dient lediglich zur Orientierung auf Ihrem Weg zum Top-Leader und soll Sie motivieren, Ihre Kompetenzen weiter auszubauen. Die zu einigen Punkten aufgeführten Beispiele sollen Sie dabei unterstützen, einen Praxisbezug herzustellen.

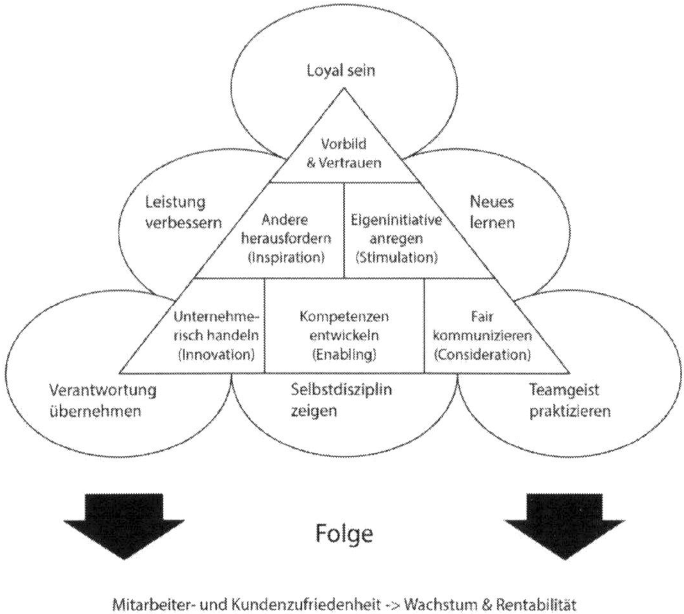

Zukunftssicheres Denken und Planen

Sie wissen genau, wo die Reise mit Ihrem Team hingehen soll, welche Vorstellungen und Ziele Sie bezogen auf die Arbeit haben? Super, das ist eine wichtige Voraussetzung für einen Leader. Sich einfach nur spontan vom Alltag leiten zu lassen ist keine gute Idee. Als Führungskraft müssen Sie vorausschauend planen und denken können. Nur so sind Sie zukunftssicher und können Ihr Team zum Erfolg führen. Beobachten Sie den Markt, in dem Sie mit der Firma Zuhause sind. Planen Sie voraus, was in Krisensituationen zu tun ist, beispielsweise wenn ein wichtiger Mitarbeiter längerfristig krank wird. Planen Sie ebenfalls voraus, welche Erfolge und Ziele Sie mit Ihrem Team in einem bestimmten Zeitraum erreichen wollen.

Zukunftssicheres Denken und Entscheiden vermittelt Ihren Mitarbeitern ein Gefühl von Sicherheit.

Wenn sich Ihre Mitarbeiter sicher fühlen, können sie sich besser auf ihre Arbeit fokussieren. Vermitteln Sie Ihrem Team jedoch das ungute Gefühl, dass Sie nicht zukunftssicher denken und planen, könnte das langfristig problematisch werden. Denn engagierte Mitarbeiter versuchen dann unter Umständen, Ihre mangelnde Kompetenz in diesem Bereich durch Eigeninitiative auszugleichen. Grundsätzlich ist Eigeninitiative großartig und erwünscht, diese sollte aber nie aus der Unsicherheit heraus entstehen, dass der Vorgesetzte unfähig ist. Planen Sie also stets rechtzeitig und voraus, so vermitteln Sie das Gefühl, dass Sie für die Zukunft gewappnet sind und kein regelmäßiges Ein-greifen Ihrer Mitarbeiter nötig ist, um Katastrophen zu vermeiden.

Bereitschaft zu kalkulierten Risiken

Als Chef gehört es dazu, eine gewisse Risikobereitschaft zu haben. Es gibt Situationen, die ein sofortiges Handeln erfordern, ohne dass Sie lange darüber nachdenken können. Seien Sie mutig, gehen Sie Risiken ein! Stellen Sie sich dabei vorher aber immer die Frage, was schlimmstenfalls passieren könnte und ob Sie bereit sind, die Folge dessen zu tragen. Denn eine gewisse Risiko-kalkulation gehört dazu. Leichtsinnig sollten keine Risiken von Ihnen eingegangen werden.

Auch hier ist der goldene Mittelweg wieder entscheidend: Ohne sämtliche Risikobereitschaft werden Sie nicht vorankommen, Mut zum Fortschritt und zum Risiko gehen Hand in Hand. Zeigen Sie hingegen zu viel Risikobereitschaft, könnte man Ihnen unterstellen, dass Sie unvernünftig handeln und Ihnen die Zukunft des Teams und der Firma nicht am Herzen liegen. Denn Risiken als Chef einzugehen bedeutet auch immer, dass im schlimmsten Fall das Unternehmen und/oder das Team an den Folgen leiden muss.

Neigung zu (durchdachtem) Handeln

Tendiert zu proaktivem Handeln, wird dabei jedoch nicht impulsiv.

Als Leader ist es wichtig, dass man auch intuitive Entscheidungen treffen kann, ohne dabei nach-lässig oder impulsiv zu handeln. Erfolgreiche Führungskräfte neigen immer zu durchdachtem Handeln. Es ist für sie beispielsweise nicht denkbar, sich mit einem Problem zufrieden zu geben ohne nach Lösungen zu suchen. Sie schätzen es, immer gut informiert zu sein und sich sinnvolle Wege zum Erreichen ihrer Ziele zu suchen.

Wie ist es bei Ihnen, wie verhalten Sie sich bei Herausforderungen, Ideen oder Problemen? Wenn Sie eher dazu neigen, Dinge zu vertagen und sich vermeintlich auf das „Wichtige“ zu fokussieren, ist das nicht der Weg zum langfristigen Erfolg. Gute Leader zeichnet aus, dass sie aktiv Herausforderungen angehen, neue Ideen zur Verbesserung einbringen und aktiv nach Lösungen für Probleme suchen.

Natürlich dürfen Sie dabei nicht zu impulsiv handeln oder das große Ganze aus dem Blick verlieren – Nicht jedes Problem lässt sich sofort lösen.

Wenn Sie diese Kompetenz verbessern wollen, schmeißen Sie sich selbst „ins kalte Wasser" und gehen Sie das nächste Problem aktiv an und überlegen Sie sich einen genauen Weg zu Ihrem Ziel.

Praxisbeispiel 1: Ein großer Ausfall beim Rechenzentrum der Firma ist durch eine Störung lahmgelegt worden. Sämtliche Dienste und Systeme stehen Ihren Kunden und Partnern daher nicht zur Verfügung. Als Sie über den Ausfall informiert wurden, konnte noch keine Aussage zur Dauer der Störung getroffen werden. Nun stellt sich die Frage, ob Sie die Kunden und Partner sofort informieren sollten oder noch abwarten sollten, ob sich das Problem von alleine löst. In Problemsituationen ist es besser, diese proaktiv zu kommunizieren, spätestens dann, wenn Dritte betroffen sind wie in diesem Fall. Eine kurze Mail an die betroffenen Personen genügt. Der Effekt wird aber lange positiv nachwirken. Denn offene Kommunikation auch in Problemfällen schafft vertrauen bei Ihrem Gegenüber. Sind Sie stattdessen passiv, entsteht der Eindruck, es kümmert Sie nicht und Sie haben kein Interesse daran, das Problem zu lösen.

Praxisbeispiel 2: Durch einen Mitarbeiter-Fehler ist eine Kunden-Bestellung nicht bearbeitet worden, eine Rückmeldung an den Kunden ist auch nicht erfolgt. Nach ein paar Wochen ruft der Kunde den Mitarbeiter an und beschwert sich über die mangelnde Kommunikation. Er verlangt daraufhin ein Gespräch mit Ihnen als Vorgesetzter. Natürlich könnten Sie sich rausreden und dem Mitarbeiter sagen, dass Sie aufgrund wichtiger Meetings oder anderer Verpflichtungen jetzt keine Zeit für sowas haben. Es besteht so natürlich auch die Chance, dass sich der Kunde wieder etwas abregt und beim nächsten Telefonat wieder alles in Ordnung ist. Dennoch sollten Sie sich die Zeit nehmen, auch solch unangenehme Gespräche kurzfristig zu führen. Wenn Sie sich als Chef rar machen bringen Sie nicht nur Ihren Mitarbeiter in eine unangenehme Lage, weshalb dieser sich im Stich gelassen fühlen könnte. Sie suggerieren Ihrem Kunden auch, dass er es Ihnen nicht einmal wert ist 5 Minuten Ihrer Zeit zu opfern. Eine denkbar schlechte Ausgangslage für die weitere Kooperation mit diesem und anderen Kunden. Suchen Sie das Gespräch, bieten Sie aktiv Lösungsvorschläge an. Im Rahmen Ihrer Möglichkeiten und Entscheidungsbefugnisse können Sie dem Kunden beispielsweise einen Rabatt i.H.v. 10 % auf seine Bestellung anbieten, ihm eine eigentlich kostenpflichtige Dienstleistung schenken oder einen anderen (finanziellen) Ausgleich vorschlagen. Die Hauptsache ist nur, dass Sie durchdacht aber stets aktiv handeln.

Handlungsfähiger Optimismus

In jeder Firma gibt es gute und schlechte Tage. Entscheidend bei einer guten Führung ist, dass Sie nicht nur in guten, sondern auch in schlechten Zeiten Ihr Team motivieren können. Sie müssen es schaffen, Ihr Team für die Arbeit zu begeistern – Und das jeden Tag aufs Neue. Wichtig dabei ist, dass Sie immer positiv denken und Herausforderungen offen gegenübertreten. Machen Sie Ihrem Team Mut, sagen Sie, dass Sie das gemeinsam meistern werden. Dies trifft be-sonders auf Krisenzeiten zu, aber auch in vergleichsweise normalen Zeiten sollte der Aspekt Motivation keinesfalls zu kurz kommen. Denn nichts ist schlimmer als Chefs, die statt die Mitarbeiter zu motivieren lieber auf ihnen rumhacken. Dauerhafter Pessimismus lähmt Ihre Handlungsfähigkeit, die Sie als Chef stets aufrechterhalten sollten.

Sie nennen es dann intern „Motivation durch Angst“, doch diese Zeiten sind längst vorbei. In dem Kapitel „Die Psychologie der Motivation“ erkläre ich Ihnen noch detaillierter, wieso die richtige Motivation eine so essenzielle Rolle in der Teamführung spielt.

Praxisbeispiel 1: Das letzte Quartal war mies, die Stimmung der Vertriebsmitarbeiter ist aufgrund der schlechten Auftragslage und der entsprechend niedrigen Provisionen im Keller. Um die Stimmung aufzulockern, schlagen Sie eine Brainstorming- und Kaffeerunde vor, bei der das ganze Team zusammenkommt, um sich auszutauschen. Dabei sollte zuerst einmal jeder Mitarbeiter zu Wort kommen und formulieren dürfen, was seine Motivation aktuell hemmt. Anschließend gibt es ein Brainstorming zu Ideen, wie Sie die Auftragslage wieder verbessern können und welche Benefits für die Mitarbeiter attraktiv wären, wenn sie besondere Abschlüsse o.ä. erreichen.

Praxisbeispiel 2: In letzter Sekunde ist ein wichtiges und teures Projekt gescheitert, in das bereits jede Menge Vorbereitungszeit, Ressourcen und Nerven reingeflossen sind. Der verantwortliche Mitarbeiter ist verständlicherweise geknickt und enttäuscht, er befürchtet, dass alle Vorbereitung nun umsonst war. Signalisieren Sie ihm, dass Nichts umsonst war und dass Sie die von ihm angedachten Ansätze in anderen Bereichen und Problemstellungen sehr gut gebrauchen können. Geben Sie Ihren Mitarbeitern auf keinen Fall das Gefühl, dass sie persönlich schuld daran sind. Nutzen Sie stattdessen gescheiterte Versuche, um optimistisch und handlungsfähig nach vorne zu blicken. Sie werden sehen, dass Ihre Mitarbeiter mitziehen!

Konstruktive Strenge

Als Führungskraft ist es wichtig, dass Sie auch streng sein können. Manche Chefs interpretieren das leider etwas falsch und neigen dazu, den „Oberchef" raushängen zu lassen und keinen Raum für konstruktive Gespräche zu lassen. Diesen Fehler sollten Sie auf keinen Fall machen!

Natürlich ist eine gewisse Strenge an der einen oder anderen Stelle durchaus angebracht und nötig.

Ihre Vorstellungen, Planungen und Ziele sollten Sie aber dennoch stets konstruktiv vermitteln, diese begründen und kritische Nachfragen ernstnehmen und auf sie eingehen. Wenn Sie nicht fähig sind, streng und dabei konstruktiv in Ihre Kommunikation zu sein, sollten Sie dieses Ver-halten zum Anlass nehmen, an sich selbst zu arbeiten. Denn auch Führungskräfte müssen sich weiterentwickeln und dazu lernen. Leider sehen viele Vorgesetzte das anders und sind der Meinung, dass sie als Chef Alles richtig machen – Ein Irrglaube, der jeden Fortschritt zerstört. Auch Chefs machen nicht immer alles richtig und haben „Optimierungsbedarf" in gewissen Dingen.

Seien Sie keiner der Vorgesetzten, die Strenge missinterpretieren und über die Mitarbeiter „herrschen" wollen. Das ist der komplett falsche Ansatz und kann nicht langfristig zum Erfolg führen. Strenge ja, aber bitte in angemessener Weise und immer konstruktiv – Werden Sie auf keinen Fall persönlich gegenüber Ihren Mitarbeitern.

Effizientes Verstehen von Menschen / Empathie

Empathie ist eine Grundvoraussetzung für jede Führungskraft. Das Problem: Eine Vielzahl von Führungskräften hat nicht ansatzweise so viel Empathievermögen wie sie sich selbst zugestehen. Das kann man gut beobachten, wenn ein Mitarbeiter eine schlechte Phase hat, weil die privaten Lebensumstände beispielsweise gerade nicht so einfach sind. Viele Vorgesetzte sehen darin nur ein Problem, weil dieser Mitarbeiter vermutlich nicht so produktiv arbeiten wird wie sonst. Diese Chefs machen dann ihrem Ärger in einem Gespräch mit dem Mitarbeiter Luft und machen ihm dabei Vorwürfe wegen seiner unproduktiven Arbeitsweise. Im Worst Case wird sogar mit einer „arbeitsrechtlichen Konsequenz", sprich Abmahnung oder Kündigung, gedroht. Ironischerweise sind genau das oftmals die Vorgesetzten, die sich ein großes Empathievermögen zusprechen.

Diese Vorgehensweise ist natürlich völlig kontraproduktiv. Einen guten Leader macht auch aus, dass er sich nicht nur für das Unternehmen, sondern auch für die einzelnen Mitarbeiter interessiert. Wenn Sie merken, dass sich einer Ihrer Mitarbeiter nicht wohlfühlt, gehen Sie auf ihn zu und suchen Sie das Gespräch. Wichtig ist, dass Sie ihm dabei auf keinen Fall Vorwürfe machen. Vielmehr sollten Sie gezielt nachfragen, ob Sie oder das Unternehmen etwas tun können, um dem Mitarbeiter in seiner Situation zu unterstützen oder diese für ihn leichter erträglich zu machen.

Viele Firmen präsentieren sich nach außen als zweite Familie, der Gedanke wird aber leider zu selten in der Realität auch umgesetzt. Leben Sie diesen Gedanken und seien Sie auch in privaten Krisenzeiten für Ihre Mitarbeiter da!

Praxisbeispiel 1: Eine Mitarbeiterin steckt gerade mitten in ihrer Scheidung. Seit der Trennung nimmt ihre Arbeitsleistung ab und sie war das ein oder andere Mal auch schon unhöflich zu den Kunden. Diesen Zustand sollten Sie als gute Führungskraft natürlich nicht einfach akzeptieren. Suchen Sie das Gespräch mit ihr und fragen Sie aktiv nach, wie Sie oder das Unternehmen helfen können. Bieten Sie beispielsweise Homeoffice, flexible Arbeitszeiten oder aber eine Reduzierung der Stunden für eine abgestimmte Zeit an. Machen Sie Ihrer Mitarbeiterin klar, dass es Ihnen wichtig ist, wie es ihr geht und Sie sich um sie Gedanken machen. Sie werden überrascht sein, wie ehrlich Ihnen Ihre Mitarbeiter begegnen, wenn Sie ehrliches Interesse an Ihnen zeigen.

Praxisbeispiel 2: Ein Geschäftspartner wendet sich mit einem Problem bezüglich der Kooperation an Sie. Er erzählt von den aktuellen Herausforderungen, die ihm beim Verkauf Ihres Produkts begegnet sind. Man könnte meinen, dass das nicht Ihr Problem als Chef ist, aber das ist es. Denn nur, wenn Sie auch in Krisenzeiten für Ihre Geschäftspartner da sind, wird eine Kooperation langfristig bestehen bleiben. Versuchen Sie, sich in die Lage des Partners hineinzuversetzen und geben Sie ihm das Gefühl, dass Ihnen sein Anliegen wichtig ist und Sie seine Herausforderungen nachvollziehen können. Auf dieser Grundlage wird es viel einfacher sein, gemeinsam Lösungen für die aktuellen Probleme zu finden.

Emotionale Stärke ohne Kontrollverlust

Eine vertrauensvolle Beziehung zu Ihren Mitarbeitern ist essentiell für eine langfristig erfolgreiche Führung. Wenn Sie nicht in der Lage sind, Emotionen zu zeigen, wird sich diese Beziehung aber nicht aufbauen lassen. Denn wenn Sie gegenüber Ihrem Team keinerlei Emotionen zeigen, kann keine Bindung zu Ihnen aufgebaut werden. Überlegen Sie mal, wie soll man eine emotionale Bindung zu einer Person aufbauen, die sich wie ein Roboter verhält? Richtig, geht nicht.

Sie sollten also dazu in der Lage sein, Emotionen gegenüber Ihrem Team zu zeigen. Dabei ist wichtig, dass Sie währenddessen nicht die Kontrolle verlieren. Denn das würde das Vertrauens-verhältnis langfristig stören. Ein Chef, der nicht in der Lage ist, seine Emotionen zu kontrollieren, ist langfristig zum Scheitern verurteilt. Ihnen begegnen im Alltag als Leader eine Vielzahl von Herausforderungen, Problemen und neuen Situationen, mit denen Sie umgehen müssen. Zeigen Sie keinerlei Emotionen, könnte zudem der Eindruck entstehen, dass Ihnen das Team egal ist. Wenn Sie unkontrollierte Emotionen zeigen, verunsichern Sie unter Umständen Ihre Mitarbeiter. Das Ziel ist also, einen Weg zu finden, Emotionen zuzulassen ohne die Kontrolle zu verlieren.

Praxisbeispiel 1: Die ersten Wochen im Homeoffice liefen nicht so gut. Ihre Mitarbeiter haben Schwierigkeiten, sich auf die neue Situation einzustellen. Darüber hat aber niemand mit ihnen gesprochen, Sie haben es erst nach 3 Wochen erfahren. Sie sind, verständlicherweise, darüber verärgert und suchen im Rahmen eines Teammeetings das Gespräch mit Ihren Mitarbeitern. Nun kommt es darauf an, wie Sie Ihren Emotionen Ausdruck verleihen. Natürlich darf das Team merken, dass Sie über die mangelnde Kommunikation dieses Problems enttäuscht sind. Machen Sie Ihrem Ärger ruhig Luft. Entscheidend ist aber, dass Sie dabei sachlich bleiben und nicht die Kontrolle über Ihre Emotionen verlieren. Nachdem Sie Ihre Gedanken dazu ausgesprochen haben, sollten Sie aber wieder lösungsorientiert denken und sich nicht weiter ärgern oder in einen Emotionsstrudel verfallen. Fragen Sie am besten bei jedem Mitarbeiter konkret nach, wo das Problem liegt. Sammeln Sie diese Gedanken und versuchen Sie im Anschluss, Lösungen für die genannten Probleme zu finden.

Praxisbeispiel 2: Die Telefoniezeiten Ihres Vertriebs-Teams sind in der vergangenen Woche miserabel gewesen. Beim Wochenmeeting sprechen einige Mitarbeiter an, dass die Erreichbarkeit die ganze Woche über schlecht war und daher nur wenige Ansprechpartner erreicht wer-den konnten. Viele Chefs neigen jetzt dazu, besonders beim Vertrieb, Angst und Druck aufzubauen, indem sie sich emotional völlig entladen. Dabei verlieren sie sämtliche Kontrolle über ihre Emotionen und werden laut, schreien zum Teil sogar die Mitarbeiter an. Zum einen zeugt das von extremer charakterlicher Schwäche, zum anderen ist es überhaupt nicht zielführend. Wenn Sie ein erfolgreicher Leader sein wollen, lernen Sie, Ihre

Emotionen auch in schwierigen Lagen zu kontrollieren und nicht jede Missstimmung an Ihren Mitarbeitern auszulassen. In Krisen braucht es vor allem eins: Lösungsorientiertes Denken. Wenn Sie sich von Ihren Emotionen überrennen lassen und diese nicht kontrollieren, blockiert das sämtliches lösungsorientiertes Denken.

Integrativer Pragmatismus

Als Führungskraft müssen Sie jeden Tag aufs Neue abwägen, welche Entscheidungen zu treffen sind und in welchem Rahmen diese zu treffen sind. Sie müssen sowohl fähig sein, eigenständig Entscheidungen zu treffen, als auch Dritte in Ihre Entscheidungen zu integrieren. Das kann unter Umständen sehr herausfordernd sein, denn Sie müssen erstmal für sich herausfinden, was Sie lieber alleine entscheiden sollten und wo ein Zurateziehen anderer Personen gut wäre.

Dabei sollten Entscheidungsfindungen und -wege nicht in die Länge gezogen werden, sondern je nach Situation angemessen sein. Seien Sie mutig genug, andere in Ihre Entscheidungen einzubeziehen. Wenn Sie dauerhaft alles alleine entscheiden können schnell Fehler passieren. Sie können die Fakten zu einem Thema gar nicht so detailliert durchblicken wie ein Kollege vom Fach, der seit Jahren in diesem Bereich arbeitet.

Wenn es um fachliche Entscheidungen geht, ist es also empfehlenswert, die entsprechenden Dritten mit ins Boot zu holen und sie um Rat zu bitten. Geht es allerdings um schnell erforderliche Entscheidungen, fehlt manchmal die Zeit, Dritte mit einzubeziehen. Genau das bezeichnet integrativer Pragmatismus – Andere in Entscheidungen einbeziehen können, ohne dabei die Fähigkeit des alleinigen Entscheidens zu verlieren.

Maßvolles Vertrauen

Als Leader ist das richtige Maß an Vertrauen wichtig. Damit ist gemeint, dass Sie dazu fähig sind, anderen zu vertrauen, ohne dabei unaufmerksam zu werden. Viele Manager führen noch nach dem Motto „Vertrauen ist gut, Kontrolle ist besser". Ein großer Fehler. Denn wenn Sie Ihren Mitarbeitern das Gefühl geben, das Sie ihnen überhaupt nicht Vertrauen, werden Sie als Leader keinen langfristigen Erfolg mit diesem Team aufbauen können. Natürlich ist Kontrolle auch ein wichtiger Teil von Führung.

Entscheidend ist, einen vernünftigen Mittelweg zwischen Kontrolle und Vertrauen gegenüber den Mitarbeitern zu finden.

Das Maß an Vertrauen kann dabei auch innerhalb des Teams unterschiedlich ausfallen. Wenn Sie zum Beispiel für einen Produktbereich zuständig sind, vom Vertrieb über das Backoffice bis zu den Produkt- und Projektmanagern oder anderen Personen mit Teilführungsaufgaben, müssen Sie je nach Position, Verantwortung und Kenntnissen entscheiden, wo mehr Kontrolle nötig ist und wo mehr Vertrauen angebracht wäre. Das ist keinesfalls ein starrer Prozess. Sie sollten regelmäßig anhand der Arbeitsergebnisse und Teamleistung prüfen, ob

Ihre Abwägung zwischen Vertrauen und Kontrolle ausgeglichen ist oder ob an einigen Stellen nachgesteuert werden muss.

Praxisbeispiel 1: Die Umsätze des Vertriebsteams waren im Vergleich zu den Zielumsätzen 30 % niedriger, obwohl 2 neue Mitarbeiter für den Vertrieb eingestellt wurden. In der Vergangenheit hat aus das Vertriebsteam sehr viel Vertrauen von Ihnen bekommen und Sie haben nicht den „Kontroletti" raushängen lassen. Mit den 2 neuen Mitarbeitern scheint das aber nicht länger zu funktionieren, daher sollten Sie in einer solchen Situation wieder mehr kontrollieren um her-auszufinden, woher die Umsatzdifferenz kommt. Eventuell muss dieser Bereich wieder stärker von Ihnen kontrolliert werden und das ist Ihr Recht als Chef.

Praxisbeispiel 2: Der Produktmanager hat bereits mehrere Jahre Erfahrung in den Bereich und erledigt alle Aufgaben immer zu höchster Zufriedenheit. In der Vergangenheit haben Sie diesen Bereich immer stark kontrolliert und dem Produktmanager eher wenig Vertrauen entgegengebracht. Da die Arbeitsergebnisse immer bester Qualität sind, sollten Sie in diesem Fall dem Produktmanager künftig mehr Vertrauen entgegenbringen. Wenn Sie permanent alles kontrollieren, vermitteln Sie zuverlässigen Mitarbeitern, dass Sie ihnen nicht vertrauen. Die Gefahr, dass sich genau diese Mitarbeiter mangels Vertrauen umorientieren und einen neuen

Arbeitsplatz suchen, ist groß und kann jeden Fortschritt zerstören, den Sie mit dem Team aufgebaut haben.

Führungserfolg durch Kompetenz und Persönlichkeit

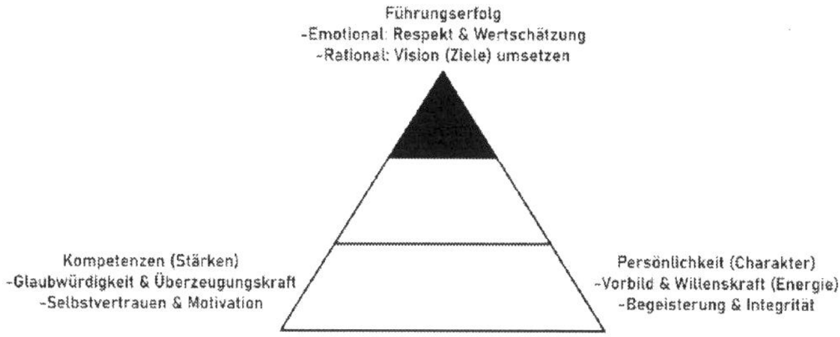

Team Leader

Kein Mensch ist gleich. Das klingt logisch, viele Leader haben diese Tatsache allerdings nicht verinnerlicht und handeln nicht entsprechend. Sie müssen als Führungskraft immer in der Lage sein, ein buntes Team aus unterschiedlichen Persönlichkeiten zu führen. Hierfür ist es essentiell, dass Sie sich mit den einzelnen Mitarbeitern, mit deren Hintergründen, Persönlichkeiten, Stärken und Schwächen beschäftigen, um ein möglichst harmonisches und effizientes Management aufzubauen. Natürlich sollen Sie keine Mitarbeiter bevorzugen oder benachteiligen, alle exakt gleich zu behandeln wäre aber auch nicht richtig. Zumindest nicht, wenn es um die Zuweisung der Aufgaben, die Definition von Zielen oder die Arbeitsweise angeht.

Beziehen Sie in Ihre Planung und Aufgabenverteilung auch immer die Kenntnisse und Stärken des Mitarbeiters ein. Es ergibt keinen Sinn, weniger geeignete Leute mit der Betreuung von Themen zu bestimmen, wenn es doch geeignetere Personen in Ihrem Team gibt. Das gleiche Prinzip gilt auch für die Mitarbeiter-Motivation. Je nach Persönlichkeitstyp brauchen die einzelnen Mitarbeiter ganz andere Anreize, um ihre Motivation zu steigern und sie dauerhaft aufrecht zu erhalten. Wenn Sie dann den Fehler machen, nach dem Gleichheitsprinzip nur das Team als Ganzes zu motivieren, wird das nicht lange gut gehen. Beschäftigen Sie sich intensiver mit Ihren Mitarbeitern, lernen Sie sie kennen und gehen Sie gezielt und differenziert auf die einzelnen Persönlichkeiten in Ihrem Team ein.

Um das Teambuilding auch zwischen den Kollegen zu stärken, sollten Sie regelmäßig Team Events vorschlagen und planen. Das muss nicht immer super spektakulär sein, ein ungezwungenes Abendessen nach Feierabend mit allen Kollegen, guter Atmosphäre und leckeren Drinks lockert die Stimmung zwischen den einzelnen Teammitgliedern auf und lässt Gespräche auf einer persönlicheren Ebene zu.

Praxisbeispiel 1: Ein neues Projekt steht an und Sie müssen entscheiden, welcher Mitarbeiter das Projekt zugewiesen bekommt. Mitarbeiter A ist dafür fachlich am geeignetsten, hat aber schon jede Menge anderer Aufgaben. Mitarbeiter B ist fachlich nicht wirklich dafür geeignet, hat aber etwas mehr Zeit, da er nicht so viele Aufgaben hat wie Mitarbeiter A. Das Projekt ist extrem wichtig für das Team und die Firma, es muss also bestmöglich betreut werden. Die meisten Chefs neigen nun dazu, das

Projekt einfach Mitarbeiter A zuzuschieben, ganz gleich, ob dieser dafür Zeit hat. Doch Team Leading erfordert auch spontane Umplanung, wenn es nötig ist. Natürlich ist es besser, dem fähigeren Mitarbeiter das Projekt zu übertragen. Achten Sie aber da-rauf, dass Sie ihn hinsichtlich anderer Aufgaben entlasten. Mitarbeiter B wäre vielleicht geeignet, Mitarbeiter A zuzuarbeiten und ihm gewisse Dinge abzunehmen. So vermeiden Sie, dass sich einzelne Teammitglieder überfordert oder komplett ausgegrenzt fühlen. Leben Sie den Team-Gedanken!

Praxisbeispiel 2: In Ihrem Team sind während der Homeoffice-Zeit in der Pandemie einige neue Mitarbeiter hinzugekommen. Deren Einarbeitung sowie das erste Kennenlernen mit den anderen Teamkollegen hat ausschließlich virtuell stattgefunden. Das ist natürlich nicht optimal, lässt sich aber auch nutzen. In Zeiten, wo keine Treffen mit größeren Gruppen möglich sind, gibt es viele Optionen, das Teambuilding aus der Ferne zu stärken. Schlagen Sie zum Beispiel eine virtuelle Kaffeepause mit allen Kollegen vor oder einen Online-Spieleabend. Es ist wichtig, dass sich die Mitarbeiter auch mal außerhalb der Arbeitszeit austauschen und kennenlernen können. Wenn Sie den Spieleabend auch noch sponsern, selbst wenn es nur 10 oder 15 Euro pro Mitarbeiter für Drinks und Snacks sind, wird das garantiert gut ankommen bei Ihrem Team. Bei einem Essen mit allen Mitarbeitern im Restaurant würde die Firma schließlich auch die Rechnung übernehmen.

Sozialkompetenzen für Führungskräfte

Umgang mit Mitarbeitern

- Kommunikationsfähigkeit
- Authentizität
- Empathie
- Wertschätzung
- Respekt
- Kritikfähigkeit
- Umgangsformen
- Achtsamkeit

Zusammenarbeit mit Mitarbeitern

- Kommunikationsfähigkeit
- Teamfähigkeit
- Konfliktverhalten
- Kooperationsbereitschaft
- Offenheit für Ideen und Prozesse
- Motivationsfähigkeit
- Anerkennung
- Trennung von Sach- und Beziehungsebene

Zusammenarbeit mit Mitarbeitern

- Bewusstsein über unterschiedliche Führungsrollen
- Vorbildfunktion
- Inspirierende Motivation
- Durchsetzungsfähigkeit
- Gerechtigkeit
- Intellektuelle Anregung der Mitarbeiter
- Persönliche und berufliche Unterstützung der Mitarbeiter
- Weiterentwicklung von Mitarbeitern

BONUS: TESTEN SIE IHRE FÜHRUNGSKOMPETENZEN

Im Rahmen dieses Tests können Sie Ihre Führungsqualitäten testen und sich so einen ersten Überblick verschaffen, wo Sie mit Ihren bisher erlangten Kompetenzen auf dem Weg zum Top-Leader stehen. Bei der Beantwortung der einzelnen Fragen ist auch die Auswahl mehrerer Lösungen denkbar. Die Auflösung zu den einzelnen Fragen finden Sie am Ende des Kapitels!

Frage 1
Sie bemerken einen Konflikt innerhalb ihres Teams. Viele Teammitglieder wirken gereizt und es wirkt, als herrsche zwischen Ihnen dicke Luft. Wie gehen Sie vor?

1. Sie warten, bis sich der Konflikt von alleine klärt und sprechen diesen nicht an.
2. Sie führen Einzelgespräche mit den entsprechenden Mitarbeitern.
3. Sie sprechen den Konflikt offen innerhalb eines Teammeetings mit den Beteiligten an.
4. Sie sprechen den Konflikt im Teammeeting mit den Beteiligten an und versuchen, zwischen beiden Parteien zu vermitteln und dabei eine unvoreingenomme Position einzunehmen.

Frage 2

Die Jahresgespräche mit Ihren Mitarbeitern stehen an und Sie formulieren mit einem Team-mitglied dessen Ziele für das kommende Jahr fest. Welche dieser Formulierung ist ein Ziel?

1. Ein elektronisches und gemeinsames Adressverzeichnis für alle Teammitglieder anlegen.
2. Ein Führungskräfte-Seminar besuchen, um die Leaderkenntnisse zu verbessern.
3. Die Reaktionszeit bei schriftlichen Kundenanfragen bis zum 3. Quartal auf 2 Tage kürzen.

Frage 3

Als Führungskraft gehört es zum Alltag, Aufgaben an andere zu delegieren. Welche Bedeutung hat das Kongruenzprinzip dabei?

1. Alle Teammitglieder sollten komplett gleich behandelt werden.
2. Aufgabe, Kompetenz und Verantwortung des Mitarbeiters müssen übereinstimmen.
3. Alle Führungskräfte sollten nach den gleichen Grundsätzen führen.

Frage 4

Von vielen Chefs und Mitarbeitern gleichermaßen verteufelt sind zeitraubende und ineffiziente Meetings. Wie würden Sie ein Meeting gestalten?

1. Der Projektleiter fungiert als Moderator für das Meeting und verfasst das Protokoll.
2. Sie entscheiden alles basisdemokratisch im Team.
3. Die Teilnehmer erhalten ein Protokoll sowie einen Durchführungsplan nach dem Meeting.
4. Die Teilnehmer erhalten vor der Besprechung alle notwenigen Hintergrundinfos.

Frage 5

Eine richtige Feedback-Kultur ist eins der wichtigsten Managementinstrumente, dass Sie als Leader beherrschen müssen. Welche der folgenden Aussagen treffen zu?

1. Feedback steuert das Verhalten und die Einstellung.
2. Feedback ist dafür gedacht, Mitarbeitergespräche gänzlich zu ersetzen.
3. Feedback hilft dabei, zielgerichteter zu arbeiten.
4. Feedback ist eine Delegationsform.

Frage 6

Die Geschäftsführung des Unternehmens hat Ihnen eine Entscheidung mitgeteilt, die Sie in Ihrem Team in einem Meeting vorstellen. Ihre Mitarbeiter reagieren abwehrend und mit kritischen Fragen. Wie gehen Sie mit dieser Situation um?

1. Sie sammeln sämtliche Fragen und Einwände und versuchen deren sachlichen Kern herauszufinden, bevor Sie auf die Reaktionen der Mitarbeiter eingehen.
2. Sie geben Ihren Mitarbeitern etwas Zeit, die Neuigkeit zu verdauen.
3. Sie versuchen Ihr Team mit Argumenten, die Sie noch in der Hinterhand haben, zu überzeugen.

Frage 7

Der Ingenieur Ihres Teams ist auffällig zurückhaltend in Konferenzen. Wenn er seine Arbeit vor einer Gruppe präsentiert, ist das selten erfolgreich, sondern eher katastrophal. Was tun Sie?

1. Sie schätzen sein Ingenieurpotential und unterstützen ihn dabei, Präsentationen zu delegieren.
2. Sie sagen ihm, dass er sich nicht so anstellen soll, vor einer Gruppe zu sprechen.
3. Sie ignorieren es und lassen die Zuhörer ihn zu "erziehen".
4. Sie unterstützen ihn dabei, sich die nötigen Präsentationskompetenzen anzutrainieren.

Frage 8

Einer Ihrer Mitarbeiter verfügt zwar über eine hohe fachliche Kompetenz, es mangelt ihm aber an der Motivation. Welche Führungsweise ist nun angemessen?

1. Delegieren
2. Dirigieren
3. Sekundieren
4. Trainieren

Frage 9

Was glauben Sie motiviert Mitarbeiter am meisten?

1. Work-Life-Balance.
2. Karriere- und Aufstiegschancen.
3. Eine fähige Führungskraft, die fair ist und Mitarbeiter fördert.
4. Einen Job, in dem Mitarbeiter ihre Erfüllung finden.
5. Ein der Arbeit und Kenntnisse des Mitarbeiters entsprechendes Gehalt.
6. Einen Job, in dem der Mitarbeiter ausreichend Entscheidungskompetenz hat.
7. Ein sicherer Arbeitsplatz.
8. Ein Umfeld, in dem die Arbeit Spaß macht und ein Team mit kollegialem Zusammenhalt.

Lösungen

Frage 1

Lösung 3: Sie sprechen den Konflikt offen innerhalb eines Teammeetings mit den Beteiligten an

Sie sollten Konflikte unbedingt entschärfen, bevor sie unnötig eskalieren. Wenn Sie anhand des nonverbalen und sprachlichen Verhaltens merken, dass es sich um einen zwischenmenschlichen Konflikt handelt, sollten Sie die entsprechenden Parteien zu einem konstruktiven Gespräch bitten um gemeinsam eine Lösung zu erarbeiten, die für alle Beteiligten zufriedenstellend ist. Machen Sie dabei nicht den Fehler, zu stark zwischen beiden Seiten vermitteln zu wollen. Es ist nicht immer gut, wenn Sie sich als Führungskraft zu stark in Konflikte einmischen. Signalisieren Sie stattdessen, dass Sie den Konflikt wahrnehmen und daran interessiert sind, dass dieser aus der Welt geschafft wird. Sie vermitteln Ihren Mitarbeitern dadurch das Gefühl, dass Sie nicht nur an ihrer Arbeitskraft interessiert sind, sondern dass Ihnen auch der Zusammenhalt im Team und das zwischenmenschliche sehr wichtig sind. Darüber hinaus signalisieren Sie auch, dass Sie Ihren Mitarbeitern zutrauen, gewisse Konflikte eigenständig zu lösen.

Frage 2

Lösung 3: Die Reaktionszeit bei schriftlichen Kundenanfragen bis zum 3. Quartal auf 2 Tage kürzen

Es geschieht recht häufig, dass selbst erfahrene Führungskräfte den Fehler machen, Maßnahmen statt Zielen mit den Mitarbeitern zu vereinbaren. Ein Verständnis- und Formulierungsproblem, das schwerwiegende Folgen haben kann. Werden Ziele nicht richtig definiert, zeigt sich der Chef am Ende des Jahres unzufrieden, weil seiner Meinung nach nicht das erreicht wurde, was vereinbart wurde. Der Mitarbeiter wiederum ist frustriert, weil seinem Empfinden nach alle geforderten Ziele umgesetzt wurden. Und das ist das Problem, denn während Ziele einen Soll-Zustand in der Zukunft beschreiben, sind Maßnahmen die konkreten Handlungen, die für die Erreichung des Ziels erforderlich sind. Um herauszufinden, ob es sich wirklich um ein Ziel und keine Maßnahme handelt, formulieren Sie vor der Zielbeschreibung folgenden Satz aus: "Das Ziel ist erreicht, wenn ..." – in unserem Beispiel würde die Aus-formulierung lauten: "Das Ziel ist erreicht, wenn die Reaktionszeit auf schriftliche Kundenanfragen bis zum 3. Quartal auf 2 Tage verkürzt wird".

Frage 3

Lösung 2: Aufgabe, Kompetenz und Verantwortung müssen übereinstimmen

Das Kongruenzprinzip ist die organisatorische Forderung, nach der sich Aufgabe, Kompetenz und Verantwortung immer decken sollten. Wenn Sie richtig delegieren, geben Sie nicht nur eine Aufgabe ab – Vielmehr treten Sie auch die Kompetenz, sprich Entscheidungsfreiheit, sowie die nötigen Verantwortlichkeiten ab. Nur so ist Ihr Mitarbeiter in der Lage, die von Ihnen übertragene Aufgabe effizient zu erledigen. Wenn Sie ihm nur die Aufgabe übertragen und er Sie wegen jeder kleinen benötigten Entscheidung um Erlaubnis bitten muss, ist das Delegieren von Aufgaben nicht wirklich effizient. Während Sie die Führungsverantwortung tragen, tragen Ihre Mitarbeiter die Ausführungsverantwortung. Nur so kann langfristig eine erfolgreiche Aufgabendelegation gelingen.

Frage 4
Lösung 3: Die Teilnehmer erhalten ein Protokoll sowie einen Durchführungsplan nach dem Meeting.
Lösung 4: Die Teilnehmer erhalten vor der Besprechung alle notwenigen Hintergrundinfos.
Um keine wertvolle Zeit mit sinnlosen Meetings zu verschwenden, ist es wichtig, dass Sie sich als Führungskraft über die passende und effiziente Strukturierung von Meetings Gedanken machen. Hierfür sind sowohl die Vor- als auch die Nachbearbeitung relevant. Zum einen sollten den beteiligten Mitarbeitern alle Informationen zum Thema des Meetings rechtzeitig vorab zur Verfügung gestellt werden, sodass diese sich darauf vorbereiten können und nicht zu Beginn des Meetings erst einmal gebrieft werden müssen. Zum anderen ist auch das Festhalten der Ergebnisse im Rahmen eines Protokolls

wichtig, sodass jeder Mitarbeiter anschließend weiß, wie es weitergeht und was er zu erledigen hat. Alles andere ist Zeitverschwendung.

Frage 5
Lösung 1: Feedback steuert das Verhalten und die Einstellung.
Lösung 3: Feedback hilft dabei, zielgerichteter zu arbeiten.
Die Etablierung einer passenden und respektvollen Feedback-Kultur ist essentiell für die erfolgreiche Führung eines Teams. Denn Feedback kann nicht nur die Einstellungen und Verhaltensweisen der Mitarbeiter steuern, sondern hilft auch dabei, dass sie zielgerichteter arbeiten. Es ist wichtig, dass sein Feed-back immer konstruktiv und sachlich erfolgt. Machen Sie nicht den Fehler, dabei persönlich oder wertend gegenüber den Mitarbeitern zu werden. Eine detaillierte Ausführung zum Thema Feedback erhalten Sie in dem Kapitel "Die richtige Feedback-Kultur".

Frage 6
Lösung 1: Sie sammeln Fragen und versuchen, den sachlichen Kern herauszufinden, bevor Sie reagieren.
Indem Sie zuerst zuhören und sich alle Standpunkte anhören, ohne die Mitarbeiter gleich mit Gegenargumenten zu bombardieren, beweisen Sie Ihrem Team, dass Sie die Meinungen und Einwände der Mitarbeiter ernstnehmen.

Anschließend geben Sie die Einwände und Bedenken des Teams in Ihren eigenen Worten wieder und formulieren Sie eine Frage aus dem sachlichen Kern des Einwands. Ein Beispiel: Einer Ihrer Mitarbeiter macht eine sarkastische Bemerkung zum befürchteten Mehraufwand aufgrund der neuen Entscheidung. Er sagt "Da kann ich ja gleich im Büro einziehen". Sie antworten darauf "Sie haben Sorge, dass Sie zu viele Überstunden machen müssen?" und ergänzen dazu konkrete Informationen: "Ihr zusätzlicher Arbeitsaufwand beträgt etwa 3 Stunden pro Woche für die nächsten 4 Wochen". Wenn sich Ihr Mitarbeiter weiterhin nicht davon überzeugen lässt, bieten Sie ihm gleich einen entsprechenden Aus-gleich für seine Mehrarbeit an, beispielsweise so: "Was halten Sie davon, wenn Sie als Ausgleich für Ihre geleisteten Überstunden 2 Urlaubstage extra bekommen?". Die Hauptsache ist, dass die Mitarbeiter merken, dass Sie Ihre Anliegen ernst nehmen und aktiv nach Lösungen suchen.

Frage 7
Lösung 1: Sie schätzen sein Ingenieurpotential und unterstützen ihn dabei, Präsentationen zu delegieren.
Lösung 4: Sie unterstützen ihn dabei, sich die nötigen Präsentationskompetenzen anzutrainieren.
Geben Sie Ihrem Mitarbeiter auf keinen Fall das Gefühl, dass seine fachliche Kompetenz aufgrund einer fehlenden Persönlichkeitseigenschaft nicht geschätzt wird. Lösen Sie solche Probleme, indem Sie ein Teamcoaching

durchführen um die Persönlichkeitsmerkmale und -präferenzen herauszufinden und setzen Sie Ihre Mitarbeiter dort ein, wo Sie dem Unternehmen und dem Team am meisten nützen. Langfristig ist es überhaupt nicht zielführend, Mitarbeitern Aufgaben aufzuzwängen, zu deren Bewältigung sie nicht fähig sind. Natürlich sollten Mitarbeiter auch neue Aufgaben bekommen und an Ihnen wachsen, doch wenn jemand partout keine Präsentationen halten kann, ganz gleich wie viele Coachings durchgeführt wurden, sollte diese Aufgabe lieber jemand anders übernehmen. Deshalb ist es wichtig, dass Teams bunt gemischt sind und einige Mitarbeiter Persönlichkeitsmerkmale haben, die andere im Team nicht haben.

Frage 8
Lösung 3: Sekundieren.
Es ist logisch, dass Sie Ihr Führungsverhalten an die einzelnen Mitarbeiter anpassen müssen. Kein Mensch ist gleich, daher ergibt es wenig Sinn, alle gleich zu behandeln. Bei einem Mitarbeiter, der eine hohe Fach-kompetenz besitzt aber keine Motivation, kann Sekundieren Abhilfe schaffen. Versuchen Sie in einem Gespräch herauszufinden, was der Grund für die fehlende Motivation ist. Ein häufiger Grund ist die fehlende Beteiligung an Entscheidungsfindungen und die fehlenden Freiräume, in denen der Mitarbeiter seine Fachkompetenz einbringen kann. Wenn Sie das "Warum" herausgefunden haben fällt es viel leichter, lösungsorientiert zu denken.

Frage 9
Die Reihenfolge der Faktoren, die für die Mitarbeiter-Motivation wichtig sind, lautet wie folgt:

1. Ein Umfeld, in dem die Arbeit Spaß macht und ein Team mit kollegialem Zusammenhalt (80 %)
2. Einen Job, in dem Mitarbeiter ihre Erfüllung finden (66 %)
3. Ein der Arbeit und Kenntnisse des Mitarbeiters entsprechendes Gehalt (56 %)
4. Eine fähige Führungskraft, die fair ist und Mitarbeiter fördert (53 %)
5. Einen Job, in dem der Mitarbeiter ausreichend Entscheidungskompetenz hat (49 %)
6. Ein sicherer Arbeitsplatz (44 %)
7. Work-Life-Balance (39 %)
8. Karriere- und Aufstiegschancen (35 %)

Dies geht aus einer Umfrage hervor, die StepStone und die Hay Group vor einigen Jahren durchgeführt haben. Demnach ist es besonders wichtig für die Motivation, dass sich der Mitarbeiter im Arbeitsumfeld und im Team wohlfühlt. Bedeutend wichtiger, als der Faktor Karriere- und Aufstiegschancen. Aber wieso ist das so? Der Mensch ist ein soziales Herdentier – die meisten können ohne sozial wertvolle Kontakte nicht glücklich werden bei ihrer Arbeit. Da ein Großteil der Lebenszeit mit Arbeiten verbracht wird, ist das auch nicht verwunderlich.

WELCHE FÜHRUNGSSTILE GIBT ES?

Es gibt eine Reihe von Führungsstilen, die sich über die letzten Jahre etabliert haben. Wie ist es bei Ihnen? Entdecken Sie sich in einem der hier vorgestellten Führungsstile wieder oder haben Sie Favoriten unter ihnen?

Autoritärer Führungsstil
Der autoritäre Führungsstil gilt schon längst als überholt, wird aber noch in erschreckend vielen Firmen praktiziert. Er zeichnet sich dadurch aus, dass eine hohe Leistungsorientierung und eine geringe Mitarbeiterorientierung aufweist, denn der Fokus liegt stets auf der optimalen Ausnutzung der Arbeitskraft der einzelnen Mitarbeiter. Deren Interessen und Vorschläge wiederum sind für solche Führungskräfte jedoch stets zweitrangig. Ziele werden streng diktiert statt miteinander vereinbart. Autoritäre Leader entziehen ihren Mitarbeitern jegliche Motivation und Eigeninitiative. Wie sollten die Mitarbeiter dies denn anders machen, wenn Ihnen die Führungskraft jegliche Eigenverantwortlichkeit durch den Führungsstil abspricht.

Ein passendes Zitat dazu (Urheber unbekannt):

„Es gibt zwei Arten, Hirte zu sein: Der eine läuft hinter der Herde her, treibt sie, wirft mit Steinen, brüllt und drückt. Der gute Hirte macht das ganz anders: Er läuft vornweg, singt, ist fröhlich, und die Schafe folgen ihm."

Treffender hätte man diesem Führungsstil nicht seine Existenzberechtigung absprechen können.

Kooperativer Führungsstil

Der kooperative Führungsstil entspricht heute am treffendsten den Vorstellungen der meisten Angestellten, die sowohl als Kompetenzträger als auch als individuelle Persönlichkeiten anerkannt und respektiert werden wollen. Viele Vorgesetzte verfolgen genau diesen Stil, kooperativ und wertschätzend.

Sie streben ein gutes Verhältnis zu ihren Angestellten an – sowohl fachlich als auch persönlich. Es werden anspruchsvolle, aber realistische, Ziele vereinbart, wobei Zufriedenheit des Mitarbeiters immer eine wichtige Rolle spielt. Die Leistungs- und Mitarbeiterorientierung sind bei diesem Führungsstil gleichermaßen im Fokus.

Laissez-faire-Führungsstil

Dieser Führungsstil ist weder mitarbeiter- noch leistungsorientiert: Der Vorgesetzte bringt sich weder fachlich noch persönlich besonders ein, weshalb die Mitarbeiter sich zum großen Teil völlig selbstständig organisieren. Die Angestellten entscheiden und handeln eigenständig und können ihre Arbeit und ihr Arbeitsumfeld relative frei gestalten. Der Umgang mit den Mitarbeitern ist eher unpersönlich, es werden auch nur schwammige Aussagen getroffen. Feedback existiert überhaupt nicht, was langfristig zur Unzufriedenheit der Mitarbeiter führt, selbst wenn anfangs diese Art zu Arbeiten verlockend ist.

Patriarchalischer (matriarchalischer) Führungsstil

Der patriarchale (matriarchale bei Frauen) Führungsstil stellt die persönliche Zufriedenheit der einzelnen Mitarbeiter in den Fokus des Handelns. Das Erreichen von Zielen und die Festlegung dieser spielt eher eine untergeordnete Rolle. Die Führungskraft schlüpft gewissermaßen in die Elternrolle für ihre Mitarbeiter, was sie als Vorbild prädestiniert und damit die Identifikation ihrer Mitarbeiter mit ihr, und damit auch ihre Motivation, begründet. Die hohe Mitarbeiterorientierung geht meist auf Kosten der Leistungsorientierung, denn die gute Stimmung im Team ist immer wichtiger als das Erreichen von Zielen und Produktivität. Dieser Führungsstil sorgt für eine Wohlfühlzone und ist gerade in Krisenzeiten ein starker Motivationsfaktor für die Angestellten.

Bürokratischer Führungsstil

Beim bürokratischen Führungsstil wird sich "zu Tode bürokratisiert". Meint, es gibt neben der eigentlichen Arbeit sehr viele bürokratische Strukturen und Prozesse. Das Folgen dieser ist oft-mals höher priorisiert als das Erreichen von Leistungszielen. Es gibt strenge Hierarchien, Abläufe, Anweisungen, Vorschriften usw., was den Arbeitsalltag von Mitarbeitern und Führungskraft gleichermaßen bestimmt. Es herrscht ein eher distanzierterer und formalisierten Umgang zwischen dem Vorgesetzten und den Mitarbeitern. Vertrauen oder persönlicher Austausch sind von beiden Seiten kaum bis gar nicht vorhanden.

Diesen Führungsstil gibt es typischerweise in vielen Behörden und Ämtern. Die Macht zieht die Führungskraft alleine aus ihrer Position, einen wirklichen Anteil am Arbeitsgeschehen haben sie aber meist nicht. Das führt in Krisensituationen dazu, dass sie mangels Kenntnissen kaum angemessen entscheiden und handeln können – Die Ersetzung durch eine andere Führungskraft ist meist die Folge. Ändern wird sich dennoch nichts.

Neben den "klassischen" Führungsstilen gibt es noch zwei weitere, die etwas "jünger" und unbekannter sind. Damit Sie sich ein umfassendes Bild machen können, werden diese beiden Führungsstile im Folgenden kurz erläutert.

Transaktionale Führung

Dieser Führungsstil ist auch als "Führen mit Zielvereinbarungen" bekannt. Das Prinzip dahinter ist, dass Leistung Gegenleistung erzeugt. Darauf basiert die Beziehung zwischen Mitarbeiter und dem Vorgesetzten. Wenn Ziele erreicht werden, reagiert die Führungskraft mit Anerkennung, Lob oder Belohnungen. Werden Ziele hingegen nicht erreicht, drohen dem Mitarbeiter Sanktionen und Kritik vom Vorgesetzten. Diese Form der Führung ist sehr stark leistungs- und nur schwach mitarbeiterorientiert, da der Vorgesetzte so gut wie ausschließlich auf die Erreichung von Zielen achtet. Stellt dieser Planabweichungen fest, greift er schnell korrigierend ein.

Transformationale Führung
Bei der transformationalen Führung handelt es sich gewissermaßen um eine Weiterentwicklung der transaktionalen Führung. Der grundsätzliche Gedanke ist, dass Führungskräfte ihre Mitarbeiter positiv verändern und beeinflussen können, also transformieren. Das gegenseitige Vertrauen steht bei diesem Führungsstil im Vordergrund, nicht die Zielerreichung. Die Führungskraft bringt den Mitarbeitern viel Vertrauen entgegen, die Mitarbeiter vertrauen im Gegenzug auf die Kompetenzen der Führungskraft. Führendes Verhalten ist kaum nötig, da die Zuständigkeit von Bereichen und Aufgaben auch die Verantwortung definiert. Da jeder Mitarbeiter einen spezifischen Aufgaben- und Verantwortungsbereich hat, arbeitet das gesamte Team, inklusive der Führungskraft, auf Augenhöhe miteinander.

WIESO KLASSISCHE FÜHRUNGSSTILE NICHT ALLES SIND

Machen Sie keinesfalls den Fehler, sich in einen bestimmten Führungsstil reinpressen zu wollen. Den einen richtigen Führungsstil gibt es nicht. Welche Führung am besten funktioniert ist abhängig von vielen unterschiedlichen Faktoren, beispielsweise von der Teamgröße, der Teamart, der Branche usw.

Sie müssen sich konstant damit beschäftigen, wie Sie als Führungskraft Ihrer Aufgabe am besten gerecht werden können. Hören Sie auf, in festgefahrenen Mustern zu denken und haben Sie den Mut, Veränderungen anzustreben und auch umzusetzen. Finden Sie Ihren ganz eigenen Weg, Ihr Team bestmöglich zu führen und holen Sie sich, wenn nötig auch Feedback Ihrer Mitarbeiter, was für sie bei einer guten Führung wichtig ist.

Langfristig erfolgreich werden Sie nur, wenn Sie lernen, mit Ihrem Team zu kooperieren.

DIE SMART-FORMEL

Bei der SMART-Formel handelt es sich um eine Hilfestellung zur Formulierung von Zielen. Sie basiert auf dem Gedanken, dass Ziele immer spezifisch, messbar, attraktiv, realistisch und terminiert sein sollten. Ein Appell bei der Formulierung von Zielen lautet: „Du sollst dein Ziel smart formulieren" – Smart im Sinne von clever und im Sinne der vorgestellten SMART-Formel. Diese Formel soll helfen, Ziele zu formulieren und liefert die Basis für die Beurteilung der Erreichung dieser Ziele.

Beispiele zu Zielen, die nicht nach der SMART-Formel formuliert wurden:

- Ich will kurzfristig etwas abnehmen und häufiger Sport machen
- Ich will, dass mein Team mehr Umsätze generiert und die Gewinne steigert
- Ich will, dass das Softwareupdate schnellstmöglich firmenweit ausgerollt wird
- Ich will, dass die Sales-Produktivität meines Teams höher wird

Was alle dieser Ziele gemeinsam haben ist die Ungenauigkeit. Was bedeutet kurzfristig? Wie viel soll abgenommen werden? Wie viel Sport soll getrieben werden? Was heißt mehr Umsätze? Wie genau ist das mit der Sales-Produktivität gemeint?

Alles Fragen, die aufkommen, wenn Ziele ungenau vereinbart werden. Diese Ungenauigkeit kann zur Folge haben, dass Mitarbeiter und Vorgesetzter gleichermaßen frustriert sind. Denn der Mitarbeiter hat seiner Meinung nach allen Vorgaben erfüllt, während Sie die Vorgaben ganz anders, für sich, definiert haben. Missverständnisse sind infolgedessen vorprogrammiert und drohen, den Teamfrieden zu stören.

Ein Beispiel zur SMART-Formel anhand eines Zeil-Plans zu einem Blog:

Spezifisch: Ich möchte einen Blog betreiben, der sich an Unternehmer und Leader richtet.

Messbar: Ich möchte pro Woche 3 Blogeinträge veröffentlichen.

Attraktiv: Ich möchte Erfahrungswerte mit Menschen teilen, sodass sie davon profitieren.

Realistisch: Ich weiß, dass das Ziel anspruchsvoll ist, es aber mit Gastautoren zu erreichen ist

Terminiert: Ich möchte Einträge ab 01.09.2022 montags, mittwochs und freitags hochladen

Wenn Ziele in dieser Form festgelegt werden, weiß anschließend jeder, wo er steht. Es gibt keinen Spielraum für Missverständnisse oder Unklarheiten, alles ist definiert.

Auch wenn die Formulierung in diesem Muster vielleicht einige Minuten mehr in Anspruch nimmt, lohnt es sich, dass Sie sich diese Zeit nehmen.

Mit einer Zielformulierung nach dieser Formel lässt sich also so manches Problem innerhalb des Teams und der Kommunikation von vornherein vermeiden.

Auf der nächsten Seite finden Sie ein Formblatt als Vorlage für die SMART-Zielformulierung.

VORLAGE ZUR ZIELFORMULIERUNG MIT DER SMART FORMEL

Spezifisch
Messbar
Attraktiv
Realistisch
Terminiert

Spezifisch / Was ist mein konkretes Ziel?

Messbar / Welche spezifischen und messbaren Bedingungen lege ich dafür fest?

Attraktiv / Was macht mein Ziel für mich und andere attraktiv und erstrebenswert?

Realistisch / Welche Vorgehensweise zur Erreichung des Ziels ist realistisch?

Terminiert / Welche festen Termine setze ich mir für die Tätigkeiten bis zur Ziel-Erreichung?

DIE RICHTIGE FEEDBACK-KULTUR ETABLIEREN

Für ein erfolgreiches Management ist es erforderlich, die richtige Feedback-Kultur im Team zu etablieren. Das ist leider manchmal leichter gesagt als getan. Sie sind sich nicht sicher, worauf Sie beim Feedback geben achten sollten? Dann kommt hier eine kurze Checklist inkl. Erklärung:

Feedback geben, wenn die entsprechende Person es auch hört

Kennen Sie diese Leute, die Feedback immer dann geben, wenn die betreffende Person über-haupt nicht anwesend ist? Was das genau für einen Sinn ergibt, bleibt ein Mysterium. Feedback sollte natürlich immer dann erfolgen, wenn die Person es auch hört.

Feedback möglichst ausführlich und konkret formulieren

Aussagen des Chefs wie „Das war scheiße", „Das war falsch" oder „Das war unpassend" sind wenig zielführend. Solche Aussagen kann man getrost für sich behalten, denn sie bieten keinerlei Mehrwert und somit auch keine Basis für eine Weiterentwicklung. Formulieren Sie, was genau Ihnen nicht gefallen hat und machen Sie ggf. Verbesserungsvorschläge.

Kommunizieren Sie Ihre Wahrnehmungen, Vermutungen und Gefühle als solche, nicht als Tatsache

Die Formulierung spielt eine entscheidende Rolle beim Thema Feedback. Sie sollten genau da-rauf achten, was Sie als persönliche Wahrnehmung und was Sie als Tatsache formulieren. Bei-spiel: „Ich habe die Wahrnehmung, dass Ihre Motivation nachgelassen hat“ statt „Ihre Motivation hat in der letzten Zeit stark nachgelassen“. Ein kleiner aber feiner Unterschied, der darüber entscheiden kann, ob und wie der Mitarbeiter das Feedback annimmt und akzeptiert.

Analysieren Sie die entsprechende Person nicht, sondern beschreiben Sie ihr Verhalten

Es ist wichtig, dass sie rein sachlich das Verhalten der betreffenden Person beschreiben. Versuchen Sie nicht, die Person zu analysieren. Das geht meist schief und Sie erreichen mit Ihrem Feedback rein gar nichts. Besser ist, sachlich zu bleiben und ggf. anschließend gemeinsam mit dem Mitarbeiter zu analysieren, wo die Ursache liegt und was man konkret verbessern kann.

Mit dem Feedback sollten Sie auch immer positive Wahrnehmungen und Gefühle vermitteln

Versuchen Sie, auch positive Aspekte in Ihr Feedback mit einzubringen. Die Wahrscheinlichkeit, dass der Betreffende dieses dann besser aufnimmt, ist höher als wenn Sie nur mit Kritik um die Ecke kommen. Beispielsweise sagen Sie „Ihre Präsentationsgestaltung hat sich im

Vergleich zum letzten Mal sehr verbessert, aber mir ist aufgefallen, dass etwas zu viel Text auf den Folien war", statt „Es war viel zu viel Text auf den Folien".

Nehmen Sie Rücksicht auf die Informationskapazität der entsprechenden Person

Wenn Sie viel Feedback für einen Mitarbeiter haben, ist es unter Umständen besser, dieses nicht auf einmal an ihn zu kommunizieren, sondern sich sinnvoll einzuteilen. Denn Sie sollten auch immer im Blick haben, wie aufnahmefähig die betreffende Person ist. Wenn das Feedback nur so auf ihn einprasselt ist die Gefahr groß, dass es das in den falschen Hals kriegt oder es über-haupt nicht annimmt.

Feedback auf ein konkretes begrenztes Verhalten beziehen

Meiden Sie die Formulierung „immer" beim Feedback. Sie sollten das Feedback immer auf eine konkrete Situation und ein bestimmtes Verhalten begrenzen.

Feedback möglichst unmittelbar geben und nicht aufschieben

Feedback nicht aufschieben, sondern möglichst unmittelbar nach der entsprechenden Situation.

Das Feedback kann die entsprechende Person am besten aufnehmen, wenn sie es sich wünscht

Es gibt Situationen, in denen der Mitarbeiter überhaupt kein Feedback gebrauchen kann. Verunsicherung oder Unverständnis können die Reaktionen sein. Gehen Sie darauf ein, suchen Sie das beste Timing für das Feedback. Achten Sie auf Zeichen des Mitarbeiters, wann er offen ist für Feedback oder sich dieses sogar wünscht.

Sparen Sie sich Ihr Feedback, wenn keine Chance besteht, dass dies zu einer Veränderung führt

Wenn Sie ein und demselben Mitarbeiter schon zehnmal ein bestimmtes Feedback gegeben haben und dies zu keiner Verhaltensänderung geführt hat, ist die Wahrscheinlichkeit hoch, dass sich auch nach dem elften Mal nichts ändern. Sparen Sie sich die Mühe und überlegen Sie stattdessen, was den Mitarbeiter zu einer Verhaltensänderung bringen könnte.

Auf der folgenden Seite finden Sie eine Vorlage für ein Feedback-Gespräch.

VORLAGE FEEDBACK-GESPRÄCH

Name des Mitarbeiters:_____________________________

Funktion:____

Abteilung:____

Name des Vorgesetzten:_____________________________

____

Themen des Mitarbeiters:

Frage	**Inhalt**	**Schlussfol-gerung/Er-gebnis**
Was ist im letzten Jahr gut gelaufen?		
Was ist im vergan-genen Jahr nicht so gut gelaufen und könnte ver-bessert werden?		
Wie fühlen Sie sich momentan in der Firma?		

Welche Perspektiven und Möglichkeiten erhoffen Sie sich von der Firma künftig?		
Welche Ziele haben Sie beruflich für das kommende Jahr im Unternehmen?		

Themen des Vorgesetzten:

Frage	Inhalt	Schlussfolgerung/Ergebnis
Was war im vergangenen Jahr positiv an dem Mitarbeiter?		
Was könnte der Mitarbeiter künftig verbessern?		
Welche Entwicklungen und Leistungen soll der Mitarbeiter erbringen?		

Herausforderungen als Leader meistern

Der Alltag als Führungskraft ist nicht immer einfach, oftmals werden Sie mit verschiedenen Herausforderungen konfrontiert, die es zu meistern gilt. In diesem Kapitel werden einige dieser Herausforderungen und die Umgangsweise mit diesen erläutert. Zudem erhalten Sie Infos über die 10 größten Fehler, die Führungskräfte machen können.

NEIN SAGEN ERLAUBT

Für sich selber sorgen, eigene Grenzen erkennen und kommunizieren, auch mal „Nein“ sagen – Es klingt so simpel, ist es aber oftmals nicht. Da ist dieses innere

Ringen mit uns selbst, dem vermeintlich „guten Ton“, dem wir uns verschworen haben. Als Leader laufen Sie Gefahr, dass Ihnen die fehlende Fähigkeit „Nein“ zu sagen das berufliche Genick brechen kann. Wenn Sie sich scheuen, in bestimmten Situationen dieses magische Wort zu benutzen, fehlen Ihnen irgendwann personelle, finanzielle oder geistige Ressourcen, Ihren Aufgaben noch gerecht zu werden. Lernen Sie, sich selbst Grenzen zu setzen und respektieren Sie diese auch.

Aber warum fällt es uns so schwer, Grenzen zu ziehen und aufrecht zu erhalten? Es liegt an unseren abgespeicherten Überzeugungen wie „Ich muss funktionieren“, „Ich muss freundlich sein“, „Ich muss anderen immer helfen“ oder „Ich muss perfekt sein“. Diese Überzeugungen sind tief in unserem Unterbewusstsein verankert und verhindern, dass wir unsere Grenzen strikt umsetzen, sie nach außen kommunizieren und nach ihnen leben.

Diese unterbewussten Überzeugungen haben natürlich größtenteils sehr positive und gewünschte Auswirkungen: Sie prägen unsere Werte und unser Umgehen mit anderen Menschen. Ihnen blind zu folgen, wäre aber zutiefst unvernünftig, da das verhindert, dass wir uns bewusst abgrenzen und „Nein“ sagen können.

Neben diesen Überzeugungen ist es aber auch unser innerer Kritiker, der uns oftmals vom „Nein“ sagen abhält. Auch dieser Kritiker ist tief in unserem Unterbewusstsein verankert und nimmt dort bei der Äußerung von Kritik kein Blatt vor den Mund: „Mensch, bist du blöd", „Du schaffst das eh nicht" oder „Was bist du nur für eine Memme" sind nur einige der Aussagen, mit denen wir uns manchmal tagtäglich dank unseres inneren Kritikers beschäftigen dürfen. Auf-grund dieser Selbstkritik sind wir verunsichert, wir wollen keine weitere Angriffsfläche für diesen Kritiker bieten. Wir neigen dann dazu, Aufgaben und Bitten nicht abzulehnen, auch wenn das besser und vernünftiger wäre. Es ist in diesen Momenten einfacher „Ja" zu sagen, statt sich nach einem „Nein" wieder mit selbstkritischen Gedanken konfrontiert zu sehen.

Die Angst ist also unsere Motivation „Ja" zu allen zu sagen, statt sich und anderen bewusst Grenzen zu setzen – Und bekannterweise ist Angst nie eine Grundlage für Entscheidungen.

Lernen Sie also, sich Grenzen zu setzen, diese zu respektieren und zu kommunizieren!

DAS THEMA ÜBERSTUNDEN RICHTIG ANGEHEN

Das Wichtigste vorab: Überstunden lassen sich manchmal nicht vermeiden. Entscheidend ist, wie Sie diese als Führungskraft kommunizieren und wie Sie damit umgehen. Leider ist es traurige Realität, dass Überstunden oftmals weder vergütet werden, noch von Arbeitnehmer abgebaut werden können. Machen Sie diesen Fehler auf keinen Fall! Achten Sie stets darauf, dass sich Mehrarbeit für Ihre Mitarbeiter auch lohnt. Das kann entweder im Rahmen einer Vergütung der Überstunden, oder aber im Rahmen einer Abbau-Möglichkeit, umgesetzt werden. Wichtig ist auch, dass Sie es rechtzeitig an Ihre Mitarbeiter kommunizieren, wenn Überstunden in der nächsten Zeit unvermeidbar sind und Sie diese anordnen müssen. Kommunizieren Sie in diesem Zuge auch immer gleich, wie ein entsprechender Ausgleich gestaltet werden kann. Natürlich können auch individuelle Lösungen mit den einzelnen Mitarbeitern getroffen werden. Hierbei könnten Sie aber schnell den Überblick verlieren und die Gefahr, dass sich andere Mitarbeiter benachteiligt fühlen, macht diese Vorgehensweise kompliziert. Empfehlenswert ist es daher, einen einheitlichen Umgang mit dem Thema Überstunden im Team zu pflegen.

Viele Unternehmen profilieren sich mit der sogenannten „Vertrauens-Arbeitszeit". Dieses Wort hört sich erstmal klasse an für (neue) Mitarbeiter. Doch leider führt genau diese Arbeitszeitregelung zu vermehrten Überstunden, nur niemand erfasst sie oder interessiert sich für sie. Den Mitarbeitern wird suggeriert: Wir vertrauen dir und deiner Arbeit, daher kannst du arbeiten, wann es dir gefällt und wir schauen nicht darauf, ob hier oder da mal 10 Minuten fehlen.

Umgesetzt wird es aber meist ganz anders: Es gibt zwar keinerlei Zeiterfassung, aber die Leader haben natürlich trotzdem auf dem Schirm, wer wieviel arbeitet. Wenn ein Mitarbeiter dann nicht mindestens Dienst nach Vorschrift macht, wird dieser natürlich angezählt. Aber wenn die Mitarbeiter Überstunden machen, gibt es diese ja theoretisch gar nicht, da die Arbeitszeit nicht erfasst wird. Klingt unfair, ist aber in vielen Firmen leider gängige Praxis. Faktisch arbeiten Mitarbeiter mit der tollen „Vertrauens-Arbeitszeit“ durchschnittlich mehr, als sie müssten und erhalten entsprechend dieses Modells keinerlei Ausgleich für ihre Mehrarbeit.

Achten Sie auf daher auf einen vernünftigen, fairen und transparenten Umgang mit Überstunden!

Wichtig ist auch, dass Sie den Betriebsrat, falls in Ihrem Unternehmen vorhanden, mit ins Boot holen. Denn bei der Verlängerung der betriebsüblichen Arbeitszeit ist dieser in erzwingbarer Mitbestimmung. Der Betriebsrat hat dabei zum einen die Aufgabe, die Arbeitnehmer vor einer Überlastung zu schützen. Zum anderen muss dieser die Verteilungsgerechtigkeit gewährleisten. Um Konflikten vorzubeugen, sollten Überstunden also unbedingt abgestimmt werden.

Doch wie ist vorzugehen, wenn sich Überstunden angesammelt haben? Hier gibt es verschiedene Möglichkeiten, beispielsweise den Überstunden-Abbau. Dieser kann wie in den folgenden zwei Beispielen umgesetzt werden.

Beispiel 1: Ein Teilzeit-Mitarbeiter mit 80 monatlichen Arbeitsstunden hat über die letzten Monate 160 Überstunden angesammelt. Ein Freizeitausgleich ist aufgrund des Arbeitsaufkommens in der nächsten Zeit nicht möglich. Dieser Mitarbeiter kann für 2 Monate auf einen Vollzeitstelle mit 160 monatlichen Arbeitsstunden gesetzt werden, ohne dass Sie den Mitarbeiter auch tatsächlich Vollzeit arbeiten lassen. Sie lassen den Mitarbeiter weiterhin die 80 Stunden leisten, somit werden pro Monat 80 Überstunden abgebaut. Die Vorteile sind, dass der Mitarbeiter im Rahmen der Vollzeitstelle mehr Gehalt erhält und die Firma dennoch keine Arbeitszeit durch einen Freizeitausgleich verliert.

Beispiel 2: Ein Vollzeit-Mitarbeiter hat 80 Überstunden angesammelt. Er spricht Sie auf die Möglichkeiten eines Ausgleichs an. Bieten Sie ihm an, die Überstunden im Rahmen eines abgestimmten Stundensatzes zu vergüten, wenn kein Freizeitausgleich möglich ist. Wenn ein Freizeitaus-gleich betrieblich möglich wäre, sollten Sie aber auch dies dem Mitarbeiter anbieten. So kann er flexibel wählen, was für ihn am besten ist. Sie signalisieren dadurch außerdem, dass Sie die Mehrarbeit des Mitarbeiters wertschätzen und dies nicht unbelohnt bleibt.

WIE FÜHRE ICH IN ZEITEN VON HOMEOFFICE RICHTIG?

Seit Beginn der Corona-Pandemie ist es gängige Praxis, dass Unternehmen ihre Mitarbeiter zum Arbeiten ins Homeoffice schicken. Das war davor eher die Ausnahme als die Regel, nur wenigen Mitarbeitern wurde in

Deutschland regelmäßig oder gar dauerhaft Homeoffice ermöglicht. Dadurch hatten viele Firmen überhaupt keine oder nur wenige Berührungspunkte mit dem Thema. Es war für die Unternehmen dementsprechend herausfordert, zügig eine Homeoffice-Lösung zu finden und die dafür notwendige Infrastruktur aufzubauen.

Die Kernthemen dabei waren zum einen der Aufbau eines entsprechenden Hardware-Pakets, sprich Laptop, Bildschirm, Headset, Maus und andere Dinge, die für die Arbeit im Homeoffice nötig sind. Zum anderen ist da aber die viel größere Herausforderung, die droht, trotz bester Hardware und Ausstattung jeglichen Fortschritt und Erfolg zu zerstören: Die Führung. Wie ist es bei Ihnen, haben Sie schon einmal Ihr Team komplett oder teilweise im Homeoffice gesteuert? Bei den meisten Führungskräften ist dies nicht der Fall, sie haben keine Erfahrung damit, ein erfolgreiches Team im Homeoffice zu managen. Die meisten Unternehmen bieten Ihren leitenden Angestellten auch keinerlei Schulungsmöglichkeiten für dieses Thema an.

Während Sie im Büro stets Kontakt zu Ihren Mitarbeitern haben, fällt dieser im Homeoffice komplett weg. Nun ist es wichtig, zunächst einen Kommunikationskanal zu schaffen. Natürlich können Sie Ihre Mitarbeiter auch anrufen, wenn Sie etwas besprechen möchten – Über Microsoft Teams, Zoom und Co. haben Sie aber bedeutend mehr Kommunikationsmöglichkeiten. Zum einen natürlich die Kamera, die es zumindest ermöglicht, dass sich das Team, wenn auch nicht im echten Leben, sehen kann. Klingt banal, ist es aber nicht. Wenn Sie mehrere Wochen oder Monate am Stück im Homeoffice verbringen, tut es einfach gut, wenn sich alle Mitarbeiter zu einem Online-Meeting inklusive Kamera treffen. Ein weiterer Vorteil ist, dass Sie bei diesen Platt-formen flexibel Gruppen und Chats erstellen können. Sie können auch Personen in laufende Chats und Videokonferenzen einladen. Sie haben bspw. ein Onlinemeeting mit Mitarbeiter A, bei dem sich eine Frage auftut, die nur Mitarbeiter B beantworten kann. Mit 2 Klicks lässt sich die neue Person bequem in das Onlinemeeting einladen, um dort dann die Frage zu klären. Die Dateiablagen und verschiedenen Apps, die die Plattformen zu einbinden zur Verfügung stellen, runden das Kommunikations-Paket ab. Wenn die Plattform geschaffen ist, ist es Ihre Aufgabe, die-se zielgerichtet einzusetzen, um die Team-Kommunikation während des Homeoffice aufrecht zu erhalten.

Die meisten Führungskräfte machen dabei einen der folgenden beiden Fehler:

1. Sie zeigen penetrant Präsenz.

2. Sie zeigen keine Präsenz und sind unsichtbar.

Worauf es ankommt ist ein gelungener Mittelweg. Hierfür gibt es natürlich kein Patentrezept, da der richtige Kommunikationsrhythmus abhängig von vielen Faktoren ist.

Wie viel Kontakt mit den einzelnen Mitarbeitern nötig ist, hängt zu einen auch davon ab, welche Tätigkeiten sie genau übernehmen. Mit einigen wird vielleicht ein regelmäßigerer Austausch benötigt als mit anderen. Sie sollten aber unbedingt die beiden genannten Fehler vermeiden. Wenn Sie penetrant Präsenz zeigen, halten Sie Ihre Mitarbeiter zum einen von ihrer Arbeit ab, Sie signalisieren Ihnen aber im schlimmsten Fall auch mangelndes Vertrauen. Ihre Mitarbeiter könnten das Gefühl bekommen, dass Sie sie überwachen wollen. Das ist sicherlich keine gute Grundlage für eine erfolgreiche Teamführung im Homeoffice. Aber stattdessen das genaue Gegenteil zu tun, also überhaupt keine Präsenz bei Ihren Mitarbeitern zu zeigen, kann ebenfalls fatale Folgen haben. Denn auch die meisten Mitarbeiter haben mit dem Thema Homeoffice keine oder nur wenig Erfahrung, sie benötigen also oftmals eine noch bessere und strukturellere Führung als am Arbeitsplatz. Wenn Sie als Team-Leader Ihre Mitarbeiter gar nicht in die Kommunikation einbinden, sind diese unter Umständen „verloren" in ihren eigenen vier Wänden, werden unproduktiv oder unsicher und verlieren nach und nach den Bezug zum Team, zu Ihnen und dem Unternehmen. Im schlimmsten Fall ziehen beide Fehler die Konsequenz nach sich, dass Mitarbeiter kündigen.

Damit das Wir-Gefühl des Teams während der Homeoffice-Zeit nicht komplett verloren geht, empfiehlt sich ein regelmäßiges Online-Meeting mit dem gesamten Team.

Ob dies einmal täglich oder wöchentlich stattfindet, muss situations- und teambedingt entschieden werden. Bei solchen Entscheidungen können Sie auch immer die Mitarbeiter nach ihrer Meinung fragen.

Generell ist es empfehlenswert, die Mitarbeiter in Ihre Entscheidungen einzubeziehen. Damit ist nicht gemeint, sämtliche Themen bis ins kleinste Detail in großer Runde auszudiskutieren. Vielmehr geht es darum, Entscheidungen, die das ganze Team oder einen großen Teil davon betreffen, nicht völlig über die Köpfe der betroffenen Personen hinweg zu diktieren. Wenn Sie zum Beispiel ein tägliches Meeting während der Homeoffice-Zeit mit allen Kollegen wünschen, egal ob diese in Teilzeit, Vollzeit oder anderen Arbeitsmodellen arbeiten, ist es sinnvoll, sich wegen der optimalen Uhrzeit mit dem Team abzustimmen. Aber Vorsicht: Sie sollten nicht alles ausdiskutieren, sondern sich lediglich aus dem Team Impulse für die richtige Entscheidungsfindung holen. Wenn Sie bspw. mit einem anderen leitenden Angestellten alles vor dem gesamten Team ausdiskutieren und sich auch noch uneins sind, stiftet dies oft Unsicherheit!

BONUS: DIE 10 GRÖẞTEN FEHLER EINES LEADERS

Respektlose Gehaltsstruktur

Dieses Wort mag Ihnen in diesem Zusammenhang vielleicht etwas harsch erscheinen, es trifft den Nagel aber auf den Kopf. Denn wenn Sie Ihre Mitarbeiter nicht angemessen für ihre Arbeit vergüten, ist es genau das: Respektlos. Besonders Mitarbeiter, die schon länger in Unternehmen tätig sind und in hohem Maße zuverlässig und eigenständig sind, sollten regelmäßig mit angemessenen Gehaltserhöhungen, Provisionen oder Boni an die Firma gebunden werden. Es be-steht sonst die Gefahr, dass Sie Ihre treusten und erfahrensten Mitarbeiter verlieren, weil Sie nicht dazu bereit sind, ihre Arbeit angemessen zu vergüten. Natürlich spielt nicht nur das Gehalt eine Rolle bei der Frage, ob ein Mitarbeiter lange in der Firma tätig sein wird. Aber letztendlich tauscht ein Mitarbeiter seine Lebenszeit gegen Geld. Wenn das Geld, was am Ende für seine Arbeit bei ihm ankommt, nicht seiner Tätigkeit und seinem Verantwortungsbereich nach angemessen ist, fühlt sich der Mitarbeiter weniger geschätzt. Sie suggerieren mit niedrigen Gehältern vor allem eins, nämlich, dass die Arbeit Ihrer Angestellten Ihnen nichts wert ist.

Vor Entscheidungen drücken

Entscheidungen treffen ist nicht immer einfach, keine Frage. Dennoch müssen Sie als Führungs-kraft dazu in der Lage sein, sie jederzeit zu treffen. Und zwar selbst dann, wenn Sie mangels Informationen nicht den gesamten Sachverhalt überblicken.

Je höher Sie in der Hierarchie stehen, desto unangenehmer können manche Entscheidungen sein. Besonders, wenn es um Personalangelegenheiten geht, neigen viele Leader zur „Aufschieberitis", doch Vorsicht – Genau das kann zu extremer Frustration bei Ihren Mitarbeitern führen! Machen Sie diesen Fehler auf keinen Fall. Versuchen Sie, auch die unangenehmen Entscheidungen zu gegebener Zeit relativ zügig zu treffen und diese nicht aufzuschieben, bis eine Eskalation droht. Sie tragen natürlich auch für Fehl-Entscheidungen die Verantwortung, daher ist ein Zögern gerade in Situationen, zu denen Sie nicht alle Details kennen, verständlich und menschlich. Wenn Sie jedoch (unangenehmen) Entscheidungen immer und immer wieder aus dem Weg gehen und diese aufschieben, laufen Sie Gefahr, damit auch die Mitarbeiter zu frustrieren und zu verunsichern, die mit vollem Einsatz für die Firma und das Team arbeiten.

Unverbindlichkeit und Unzuverlässigkeit

Gehören Sie zu den Führungskräften, die in der Team-Kommunikation Floskeln nutzen, um sich nicht allzu sehr festzulegen? Wenn ja, sollten Sie dieses Verhalten dringend überdenken. Ein erfolgreiches Team braucht einen fähigen Leader, der sich klar und deutlich ausdrückt und nicht nur mit unverbindlichen Floskeln um sich schmeißt, um sich alle Optionen offen zu halten. Sie wollen verstanden werden? Dann machen Sie klare und deutliche Aussagen, reden Sie „Klartext" mit Ihren Mitarbeitern. Die einzelnen Teammitglieder werden viel produktiver arbeiten, wenn ihnen klar ist, was das Unternehmen und Sie als Führungskraft von ihnen erwarten. Wer-den keine konkreten Ziele vereinbart, werden Sie von Ihren Mitarbeitern als inkonsequent aber auch als unzuverlässig wahrgenommen. Unzuverlässig daher, weil man sich aufgrund der ganzen Floskeln und unverbindlichen Aussagen nicht sicher ist, was genau erwartet wird und ob sich das wieder ändert oder so umformuliert wird, dass die Mitarbeiter einen Nachteil haben. Als Leader sind Sie die Stütze für Ihr Team, Ihre Mitarbeiter müssen sich stets auf Sie verlassen können. Treffen Sie daher immer klare Aussagen und halten Sie diese auch selber ein.

Nicht (aufmerksam) zuhören

Im Arbeitsalltag ließe sich das ein oder andere Missverständnis problemlos vermeiden, wenn doch der Chef mal vernünftig zuhören würde. Stattdessen reden viele von ihnen lieber, statt sich die Informationen und Meinungen anderer Beteiligter anzuhören.

Warum viele Führungskräfte nicht gerne oder aufmerksam zuhören, kann natürlich verschiedene Gründe haben. Eine Theorie ist, das Zuhören fälschlicherweise häufig mit Unterwürfigkeit und Passivität gleichgesetzt wird, während das Sprechen eher mit Dominanz und Aktivität in Verbindung gebracht wird. Da die meisten Chefs nicht als passiv und unterwürfig wahrgenommen werden wollen, neigen viele eher zum Sprechen als zum Zuhören. Doch genau das kann fatale Folgen haben. Denn Menschen, die nur oberflächlich oder gar nicht zuhören, urteilen oftmals vorschnell und treffen infolgedessen

Fehlentscheidungen. Vermeiden Sie diesen Fehler also unbedingt!

Mikromanagen

Wenn Sie als Führungskraft stets alles bis ins kleinste Detail vorgeben und Ihren Mitarbeitern keinen Raum für eigene Meinungen und Ideen lassen, besteht die Gefahr, dass diese sich schnell umorientieren und bei Ihnen kündigen. Versuchen Sie, Ihre Mitarbeiter so zu fördern, dass diese langfristig an Verantwortlichkeiten dazugewinnen. Sie haben dadurch den Vorteil, dass Sie statt der Einzelschritte wieder die Ergebnisse delegieren können. Das funktioniert natürlich nur, wenn die einzelnen Teammitglieder zuverlässig sind und ein gewisses Maß an Eigeninitiative und -Verantwortung mitbringen. Ist dies nicht der Fall, muss gewissermaßen ein Mikromanagement geschehen. Doch selbst, wenn Ihr Team sehr engagiert und zuverlässig ist, lässt sich eine klare und detaillierte Anweisung nicht immer vermeiden und das muss sie auch nicht. In gewissen Situationen ist es sogar unbedingt erforderlich, dass Sie genaue Vorgaben machen. Aber nicht dauerhaft und in jeder Lage. Vor allem nicht bei Mitarbeitern, die erfahren und qualifiziert genug sind, um die Arbeit in ihrer Position erfolgreich zu erledigen.

Wenn Sie testen wollen, ob Sie vielleicht sogar selber unbewusst Mikromanagement betreiben, beantworten Sie die folgenden Fragen ehrlich für sich selbst:

- Wollen Sie jedes kleinste Projekt-Detail kennen?

- Schätzen Sie Ihre Kompetenzen und Ihr Fachwissen höher ein als das Ihrer Mitarbeiter?
- Könnten Sie alle Aufgaben, die Ihr Team erledigt, selbst übernehmen?
- Neigen Sie dazu, alle Projekte detailliert zu überwachen?

Wenn Sie auf eine dieser Fragen mit „Ja" antworten, empfiehlt sich eine nähere Betrachtung der genauen Situationen. Sie können auch Ihre Mitarbeiter mit ins Boot holen und nachfragen, ob sie das Gefühl haben, dass ihnen genügend Freiraum für ihre Arbeit gegeben wird. Sollten Sie das Feedback bekommen, dass dies nicht der Fall ist, kann ein Gedanke hilfreich sein: Sie müssen lernen, Arbeit zu delegieren statt diese nur bis ins kleinste Detail zu kontrollieren.

Sich abgehoben benehmen

Als Leader haben Sie in der Regel wenig Zeit. Sie sind gestresst, weil so viel zu tun ist. Viele Führungskräfte wirken stets hoch engagiert und hetzen von Termin zu Termin. Schließlich sind sie wirklich wichtig. Ohne sie geht gar nichts. Deshalb glauben sie, dass sie Dinge tun können, die ihre Mitarbeiter nicht dürfen, z.B. nimmt sich der Chef die Freiheit, zu einem Meeting zu spät zu kommen – es gab schließlich ja noch das überwichtige Telefonat mit einem Kunden. Solche Chefs haben sogar so viel zu tun, dass sie erstmal ihre Mails lesen müssen, während ein Team-mitglied gerade eine Präsentation vorstellt. Wenn sich das jedoch ein Mitarbeiter mal erlaubt, reagieren diese Chefs oft verständnislos. Manche Vorgesetzte sind so wichtig, dass sie versuchen müssen, bei allen Tätigkeiten Zeit zu sparen, sodass selbst ein „Danke" oder „Bitte" aus deren Mund eher die Ausnahme ist. Schließlich geht es doch viel schneller, wenn man solch unnötige Formalitäten einfach weglässt, oder? Wenn der Stress dem Chef zu groß ist, dann muss es auch erlaubt sein, dass man manchmal ausrastet und seinen Stress ungefiltert an seine Mit-arbeiter weitergibt. Frei nach dem Motto: Ein bisschen Unberechenbarkeit wird ja wohl noch erlaubt sein.

Stellen Sie sich die folgende Frage: Wenn Sie Ihren Mitarbeitern durch Ihr Verhalten zeigen, dass Sie sich für viel wichtiger halten als sie – Was meinen Sie, wie sich das auf ihre Motivation auswirkt? Als erfolgreicher Leader müssen Sie bereit sein genau das Verhalten vorzuleben, was Sie auch von Ihren Mitarbeitern erwarten. Behandeln Sie Ihre Mitarbeiter immer so, wie Sie auch selber gerne behandelt werden wollen.

Mitarbeiter respektlos und unfair behandeln

Fairness ist eine essentielle Grundlage für eine gute und erfolgreiche Unternehmenskultur. Schade nur, dass manche Leader das im stressigen Tagesgeschäft zu vergessen scheinen. Oft-mals so sehr mit sich selbst beschäftigt, dass es ihnen nicht möglich zu sein scheint, sich mal in die Lage seiner Mitarbeiter zu versetzen. Ihnen ist meist gar nicht bewusst, wie verletzt sich die Mitarbeiter durch die Worte oder das Verhalten des Chefs fühlen. Zum Beispiel bevorzugt der Chef gewisse Lieblingsmitarbeiter bei der Vergabe interessanter Projekte. Oder aber einem der Mitarbeiter unterläuft ein Fehler und der Chef kündigt ihm vor versammelter Mannschaft. Ein derartiges Verhalten ist und unfair und respektlos – und so wird es auch von den Mitarbeitern empfunden. Die Folgen sind Demotivation und Frustration. Sie sollten Ihren Mitarbeiter also stets mit Respekt und Fairness begegnen, sonst laufen Sie Gefahr, dass sich die klügsten Köpfe Ihres Teams von Ihnen und dem Unternehmen trennen.

Sich nur an Zahlen, Daten, Fakten orientieren

Gehören Sie zu den Leadern, die nur Daten, Fakten und Zahlen vertrauen? Vermeiden Sie das unbedingt. Natürlich sind diese Punkte unabdingbar für ein erfolgreiches Unternehmen, doch nicht jedes Problem lässt sich auf Zahlen und Co. zurückführen. Ein mindestens ebenso wichtiger Part sind die nicht messbaren Faktoren, beispielsweise die Motivationen und Emotionen der Mitarbeiter. Sie müssen die Faktoren hinter dem Zahlenwerk verstehen und lernen, diese zu steuern. Nur so kann Ihnen langfristig eine erfolgreiche Teamführung gelingen. Gewinnen Sie das Vertrauen Ihrer Mitarbeiter, damit diese sich auch trauen, Ihnen einen Einblick "hinter die Kulissen" zu geben und Problemursprünge oder kritische Situationen mit Ihnen zu besprechen. Essentiell dabei ist, dass Sie dabei nie voreilige Schlüsse ziehen sollten und sich nicht wertend gegenüber dem einzelnen

Mitarbeiter sind. Sonst kann kein Vertrauen aufgebaut werden. Wichtig ist auch, dass Sie Mitarbeitern gegenüber Ihre Wertschätzung zum Ausdruck bringen.

Keine Fehler zulassen und selber gemachte Fehler nicht zugeben

Fehler sind alltäglich und menschlich. Gäbe es keine Fehler, gäbe es auch keinen Fortschritt. Sie sollten also unbedingt verinnerlichen, dass es keinen Sinn ergibt, eine Null-Toleranz-Fehlerkultur in Ihrem Team zu etablieren. Wenn Sie überhaupt keine Fehler von Mitarbeitern tolerieren, verunsichern Sie Ihr gesamtes Team. Damit ist natürlich keinesfalls gemeint, dass die Fehler Ihrer Mitarbeiter nicht beachten sollten – Es geht lediglich um den Umgang mit diesen Fehlern. Wenn das Team oder der einzelne Mitarbeiter aus dem Fehler gelernt hat und den Fehler nicht immer und immer wieder macht, sollten Sie die Sache etwas gelassener sehen. Denn die Folge einer solchen Null-Toleranz-Fehlerkultur ist eine starke Verunsicherung Ihrer Mitarbeiter. Sie sind nicht nur bezüglich ihrer eigenen Fähigkeiten verunsichert, sondern wer-den begangene Fehler nicht offen kommuniziert. Nicht aus Bösartigkeit, sondern weil die Mitarbeiter Ihre Reaktion fürchten. Dass das nicht der Weg zum erfolgreichen Führen ist, sollte klar sein. Denn die Fehler, die Ihnen durch Ihre Einstellung verschwiegen werden, könnten durchaus sehr wichtige Impulse zur Verbesserung von Prozessen oder Kommunikationsketten liefern.

Statt sich über Fehler zu ärgern, sollten Sie diese nutzen, um konstruktive Verbesserungen anzustreben.

Gleiches gilt übrigens für Ihren Umgang mit eigenen Fehlern. Sie müssen fähig sein, sich eigene Fehler einzugestehen – Auch gegenüber Ihren Mitarbeitern. Denn ein Chef, der nie seine eigenen Fehler zugibt, obwohl sie bekanntermaßen begangen wurden, schürt Unzufriedenheit und Frustration im Team. Wenn zum Beispiel etwas technisch nicht richtig funktioniert oder es ein Problem mit einem Programm gibt, so suchen viele Vorgesetzte den Fehler zunächst beim Mitarbeiter. Wenn aber beim Chef ähnliche Probleme auftauchen, liegt es natürlich an der Technik oder an dem verwendeten Programm. Fehler passieren – Lernen Sie, diese zuzugeben!

Mitarbeiter nicht bei ihrer Weiterentwicklung unterstützen

Die meisten Mitarbeiter sehnen sich danach, sich in Ihrem Unternehmen und in Ihrem Team weiterzuentwickeln. Kein Mensch möchte, dass seine Weiterentwicklung über Monate, oder gar Jahre, stagniert. Nutzen Sie dieses Mindset, um Ihre Mitarbeiter gezielt zu fordern und zu fördern. Neben regelmäßigen Angeboten zu Weiterbildungen, Coachings und Schulungen sollten Sie aber auch die Förderung im Betriebsalltag nicht zu kurz kommen lassen. Ein großer Fehler, der von Führungskräften beim Thema Weiterentwicklung begangen wird, ist die Vorgabe unrealistischer Ziele. Besonders gut beobachten lässt sich dies in den Bereichen Vertrieb und Soft-ware-Entwicklung.

Oftmals werden wahnwitzige Umsätze für die einzelnen Vertriebsmitarbeiter vorgeschrieben, die selbst mit dem höchsten Einsatz nicht erreicht werden können. Oder es werden für Entwickler völlig unrealistische Deadlines gesetzt, bis wann die neue Software fertig gestellt sein muss. Die Vorgaben und Ziele, die Sie Ihren Mitarbeitern setzen, sollten immer abgestimmt auf die Stärken und Fähigkeiten sein. Sie laufen sonst Gefahr, dass die Mitarbeiter dauerhaft frustriert sind, weil sie die vorgegebenen Ziele nicht erreichen. Dennoch sollten Sie Ihr Team niemals ohne konkrete Zielsetzung drauf losarbeiten lassen – ein gutes Teamwork benötigt eine Art Führung, einen Leader, der alles verlässlich koordiniert und den Weg vorgibt. Natürlich sollten Zielvereinbarungen auch regelmäßig erneuert werden und neue Ziele gesetzt werden, sodass die Mitarbeiter an ihren neuen Aufgaben wachsen können.

Selfcare als Erfolgsrezept

Um als Führungskraft langfristig Ihren stressigen Alltag zu meistern, ist es essentiell, dass Sie sich auch um sich selber kümmern. Denn eine Gute Führung beginnt immer bei einem selber. Dies wird nicht selten unterschätzt, dabei ist es doch eigentlich ganz logisch: Wenn Sie selber nur gestresst, mies gelaunt und ausgelaugt sind, können Sie in der Praxis keinen langfristigen Erfolg als Führungskraft erzielen? Wenn Sie nicht auf sich achten, wie sollen Sie auf ein ganzes Team, einen ganzen Geschäftsbereich oder gar ein ganzes Unternehmen achten?

Das Thema Selfcare ist einer der Schlüssel zum Erfolg!

Lernen Sie in diesem Kapitel die Themen Selbstmotivationen und Resilienz kennen, lassen Sie sich von leckeren Rezeptideen inspirieren und tauchen Sie nach Ihrem stressigen Alltag als Führungskraft ab in eine Welt der Entspannung dank der 10 vorgestellten Techniken.

WAS IST MIT MEINER SELBSTMOTIVATION?

Ein Teil Ihrer Aufgabe als Führungskraft ist es, Ihre Mitarbeiter zu motivieren. Und das machen Sie hervorragend – Aber: Was ist mit Ihnen? Wie motivieren Sie sich? Sind Ihre Ziele schon Motivation genug für Sie, um jeden Tag mit Power zu starten und jedes Problem anzugehen?

Wir alle kennen es, manchmal fühlt man sich einfach wie gelähmt, als würden Körper und Geist nur auf Sparflamme laufen. Man fühlt Stagnation, einen Mangel an Antrieb, nicht selten auch Resignation. Wie soll man mit solchen Gefühlen noch motiviert in den Tag starten? Wie schafft man es, auf Sparflamme die Visionen von einer rosigen Zukunft umzusetzen? Thema Visionen: Wenn diese negativen Gefühle des Stillstandes Sie überkommen, bedeutet das nicht, dass Sie eine schlechte Führungskraft sind – Sie dürfen diese Gefühle haben! Wichtig ist nur, dass diese Gedanken Sie niemals lähmen oder vollständig blockieren. Sie wissen, dass jede Krise auch früher oder später ein Ende haben wird. Welch entlastende Vision!

Leider ist es noch niemandem gelungen, ein Patentrezept zu finden, mit dem sich Leader selbst motivieren können. Ein paar Fragen helfen jedoch und werden zu einem großen Motivator, wenn man sie ehrlich für sich beantwortet:

1. Was ist das ultimative Ziel, das Sie erreichen wollen?

Schreiben Sie sich dieses konkrete Ziel auf, sonst wird das Ziel nur ein Wunsch bleiben.

Ein Beispiel: Bis Anfang April ist ein 6-köpfiges Vertriebsteam in der Lage dazu, Anzahl x an Neukunden zu gewinnen, die den Umsatz um x Prozent gegenüber dem Vorjahr steigern.
Ist es wirklich erstrebenswert, dieses Ziel zu erreichen? - Das ist eine schwer zu beantwortende Frage! Schreiben Sie deshalb idealerweise Ihre Antworten auf; so können Sie auch Ihre Ein-schätzung präzisieren. Sie werden Lücken und noch offene Fragen erkennen. Eine solche offene Frage könnte bezogen auf das Beispiel sein, inwieweit die Beschäftigung eines 6-köpfigen Teams finanziell tragbar ist und ob dieses finanzielle Engagement möglicherweise mehr kostet als sie am Ende einbringen kann.

2. Kann das Ziel in Zwischenziele unterteilt werden?

Wenn Sie Ihr großes Ziel, wie zum Beispiel die Beendigung eines ganzen Projektes, verfolgen, gehören immer auch Meilensteine und/oder Zwischenziele inklusive eines detaillierten Zeit- und Kostenplans dazu. Vergessen Sie nicht, das Erreichen dieser Meilensteine auch zu feiern! Dieses Erfolgserlebnis hilft uns in Krisenzeiten sehr, nicht nur Ihnen als Führungskraft, sondern auch Ihren Mitarbeitern. So sind Niederlagen oder Rückschläge bei dem Projekt viel besser zu verkraften und diesen gelassener begegnen, da es ja auch Erfolge gibt.

3. Sind Sie dazu fähig, sich selbst Fehler zu verzeihen?

Ja, diese Frage muss unbedingt beantwortet werden! Wenn Sie ehrlich zu sich selber sind und an Ihren letzten Misserfolg denken: Waren Sie vergebend oder unversöhnlich? Nobody is perfect, jedoch ist Selbsthass extrem schädlich für die Seele und zudem noch kontraproduktiv, da er Sie komplett für jegliche Veränderung und jeden noch so positive Fortschritt blockiert. Versuchen Sie, Rückschläge als Planänderung zu sehen: Wenn etwas nicht funktioniert, gehen Sie auf der Landkarte zurück zum Startpunkt und wählen Sie einfach einen anderen Weg. Auch Umwege führen Sie manchmal zum Ziel!

4. Es gibt noch eine weitere sehr wichtige Frage, deren Beantwortung Ihnen als Leader jede Menge Motivation geben kann: **Was machen Sie heute ein bisschen besser als gestern?** Sie können sich diese Frage zu jedem Zeitpunkt des Tages stellen, ob zu Beginn des Tages, um gezielt darüber nachzudenken, was genau Sie heute besser machen wollen, oder aber am Ende des Tages, um zusammenzufassen, was Sie heute besser gemacht haben. Natürlich auch zwischen-durch, wenn Ihnen beispielsweise gewisse Dinge in Ihrem Arbeitsablauf auffallen, die sich verbessert haben.

Probieren Sie es aus!

Es gibt Dinge, die Sie als Leader Tag für Tag tun müssen. Für Ihre eigene Motivation kann es sehr hilfreich sein, diese kleinen Tätigkeiten zu Routinen werden zu lassen. Natürlich können Gewohnheiten aber auch manchmal dazu verleiten, ungenau zu arbeiten. Sie sind aber auch tolle Helfer, wenn man sie als Möglichkeit sieht, die eigenen Ansprüche effizienter umzusetzen. Was wieder zur Frage aller Fragen führt: Was können Sie noch besser machen?

Wenn Sie mit Herausforderungen konfrontiert werden, ist es absolut notwendig, dass Sie diese mit der gleichen Souveränität anzugehen, wie Sie es auch außerhalb dieser Herausforderungen tun würde. Routinen können Ihnen dabei helfen, diesen Herausforderungen gelassen und ruhig zu begegnen, diese zu analysieren und dann in kleineren Schritten zu meistern. Insbesondere das Aufteilen von unattraktiven Routinen unterstützt Sie in Ihrer Eigenmotivation. Es ist sehr wichtig, diese Teilschritte in Ihren gewohnten Tagesablauf einzubauen. Wenn Sie dies gut organisieren, bleibt Ihnen genug Zeit, um neuen Impulsen wieder eine Chance zu geben und sie auf ihre Alltagstauglichkeit zu testen. Routinen schaffen

Ordnung in Ihrem Zeitmanagement. Und: Mit jedem erfolgreichen Schritt werden Sie ein Erfolgserlebnis haben, das Sie motiviert!

WIESO RESILIENZ SO WICHTIG IST

Haben Sie jemals eine Person getroffen, deren mentale Stärke Sie bewundert haben? Haben Sie sich schon einmal gefragt, wie diese Person das schafft? Denn es scheint so, dass egal, welche Schicksalsschläge sie auch erleiden muss, sie am Ende des Tages einfach wieder aufsteht und dort weitermacht, wo sie aufgehört hat. Nichts scheint sie unterkriegen zu können und Mindset bleibt in jeder Lebenslage, ja sogar in jeder Krise, stets positiv.

Wenn Sie einen solchen Menschen kennen, ist diese höchstwahrscheinlich resilient und geht mit negativen Situationen viel besser zurecht als die meisten anderen Menschen. Wir bewundern solche Menschen. Sie scheinen mit allem umgehen zu können und haben auch noch immer eine perfekte Lösung für alles parat. Wir fragen uns natürlich, woher diese Personen die Energie nehmen, das Leben so positiv zu sehen und jedes Hindernis scheinbar spielbar leicht zu über-winden. Wir würden gerne selber so sein wie diese Menschen, aber meist wissen wir nicht, wie wir diese mentale Stärke erreichen können.

Besonders als Führungskraft ist es wichtig, mit sehr stressigen und belastenden Situationen im Berufsalltag nicht den Kopf in den Sand zu stecken, sondern stattdessen die Ärmel hochzukrempeln und die Herausforderung zu meistern. Daher ist es essentiell, dass Sie sich als Leader auch mit dieser Fähigkeit beschäftigen und versuchen, sie zu erlernen. Denn hier kommt die gute Nachricht: Resilienz kann man lernen! Und zwar egal, wie vermeintlich pessimistisch Ihr Mindset ist, mit Beharrlichkeit und ausreichend körperlicher und mentaler Self-Care können auch Sie es schaffen und in Ihrem Alltag als Führungskraft langfristig davon profitieren.

Aber was genau ist Resilienz? Der Begriff bezeichnet die psychologische Widerstandsfähigkeit, die Menschen hilft, in Krisenzeiten immer positiv zu bleiben und sich nicht aus der Bahn werfen zu lassen. Resiliente Menschen reagieren auf Ereignisse, die den Durchschnittsmenschen völlig verzweifeln lassen, mit einer konstruktiven Lösung, die das Problem beseitigen kann. Es fungiert also als eine Art Schutzmechanismus unserer Psyche und bewahrt uns so nicht nur vor emotionalem Schmerz, sondern beugt gegen diesen auch gleichzeitig vor. Menschen mit einem hohen Maß an Resilienz reagieren auf schwierige Zeiten nicht sonderlich emotional, sondern stets lösungsorientiert. Das bedeutet natürlich keinesfalls, dass diese Menschen nie traurig oder verletzt sind. Es bedeutet lediglich, dass sie mit diesen Gefühlen anders umgehen als der Durchschnittsmensch. Anstatt sich von Problemen runterziehen zu lassen und sich mitreißen zu lassen, gehen sie rational mit solchen Situationen um und sind stets darauf bedacht, die Lage so gut es geht zu bewältigen. Sie verlassen sich auf ihre Stärken statt sich von ihren Schwächen dominieren zu lassen und setzen die Stärke in den passenden Momenten ein.

Wenn eine Situation für alle anderen hoffnungslos erscheint, hat der resiliente Mensch meist noch ein Ass im Ärmel. Er gehört zu den Menschen, für die es keine Probleme gibt, sondern ausschließlich Herausforderungen, die es zu meistern gibt. Daher findet er Probleme nicht schlimm und freut sich vielleicht sogar ein wenig darüber, wenn es ein neues Problem gibt. Denn für ihn bedeutet dies, dass er eine neue Aufgabe hat, die er mit großer Freude meistern wird.

Aufgrund ihrer hohen psychischen Belastbarkeit sind resiliente Menschen auch seltener krank. Dies bezieht sich aber nicht nur auf psychische Erkrankungen wie Burnout oder Depression, sondern auch auf körperliche Krankheiten. Denn wenn die Seele heile ist, leidet der Körper auch weniger. Wer mit psychischen Krankheiten zu kämpfen hat, ist entsprechend auch anfälliger für körperliche Krankheiten. Je ausgeprägter diese Fähigkeit also ist, desto unwahrscheinlicher ist es, dass man krank wird. Und wenn dies doch einmal passieren sollte, schaffen es diese Menschen, durch ihr positives Mindset und ihre mentale Stärke die körpereigenen "Selbstheilungskräfte" zu aktivieren und so deutlich schneller wieder gesund zu werden.

BONUS: 10 REZEPTE FÜR GESTRESSTE LEADER

Damit Sie sich in Ihrem Alltag als Führungskraft nicht auch noch den Kopf über das richtige Essen zerbrechen müssen, kommen hier je 3 Frühstücks-, Haupt- und Salatrezepte sowie ein Power-Smoothie-Rezept als Inspiration. Wahres Soul-Food für Ihren stressigen Alltag!

Frühstück

Porridge mit Blaubeeren

Frühstücksauflauf mit Haferflocken

Scones

PORRIDGE MIT BLAUBEEREN

1 Port. | 10 Min. | Leicht

Zutaten (für eine Portion):

60 g Protein Porridge mit Geschmack nach Wahl
1 EL Naturjoghurt (1,5 % Fett)
120 ml Wasser
80 g Blaubeeren (frisch oder TK)

Optional: Pistazien (gehackt)

Nährwerte pro Portion:

268 kcal
25 g Kohlenhydrate
6 g Fett,
21 g Eiweiß

1 Einen Schuss Wasser in einem kleinen Topf erhitzen und die Hälfte der Blaubeeren dazu-geben. Für etwa 3 Minuten bei mittlerer Hitze aufkochen lassen.

2 Die Blaubeeren mit einer Gabel zerdrücken. Dann das Protein Porridge und das restliche Wasser hinzugeben. Für etwa 3 Minuten auf niedriger Hitze einreduzieren, dabei zwischen-durch umrühren.

3 Das Blaubeer-Porridge in eine Schale geben und den Naturjoghurt unterheben.

4 Die restlichen Blaubeeren und optional die gehackten Pistazien auf dem Porridge verteilen, servieren und genießen. Alternativ können die restlichen Blaubeeren auch mit etwas Wasser aufgekocht werden, bis eine dickflüssige Blaubeer-Soße entsteht.

FRÜHSTÜCKSAUFLAUF MIT HAFERFLOCKEN

4 Port. | 40 Min. | Leicht

Zutaten (für 4 Stück):

180 g Haferflocken
200 ml heißes Wasser
200 ml Mandelmilch
30 g Protein Pulver nach Wahl
2 Tropfen Flavor Drops nach Wahl
2 Eiweiß
1 TL Zimt
150 g Beerenmischung (TK)
1 Apfel

Optionale Toppings: Joghurt, Magerquark, Nüsse oder Samen

Nährwerte pro Portion:

235 kcal
34 g Kohlenhydrate
4 g Fett,
13 g Eiweiß

1 Den Backofen auf 180 Grad (Umluft) vorheizen.

2 Die Haferflocken in einer großen Schüssel mit dem heißen Wasser übergießen.

3 Während die Haferflocken etwas aufquellen, alle anderen Zutaten außer den Beeren in einer separaten Schale vermengen und gründlich verrühren, bis keine Klumpen mehr vorhanden sind.

4 Die Masse in die Schüssel mit den Haferflocken geben und gut vermengen.

5 Nun alles in eine Auflaufform füllen und glattstreichen. Die Beerenmischung gleichmäßig darauf verteilen und im Ofen für etwa 30 Minuten backen, bis die Kruste goldbraun ist.

6 Nach dem Backen etwas abkühlen lassen und dann in 4 Stücke schneiden. Optional mit Joghurt oder Magerquark, Nüssen oder Samen garnieren und servieren.

SCONES

6 Port. | 30 Min. | Leicht

Zutaten (für 6 Scones):

225 g Dinkelmehl
1 Prise Salz
1 TL Backpulver
40 g Margarine
30 g Proteinpulver mit Vanillegeschmack
150 ml Buttermilch
1 verquirltes Ei

Optional: Quark, zuckerfreie Erdbeermarmelade

Nährwerte pro Portion:

214 kcal
27 g Kohlenhydrate
7 g Fett,
10 g Eiweiß

1 Den Ofen vorheizen auf 200 Grad bei Ober-/Unterhitze.

2 Trockene Zutaten (Backpulver, Mehl, Proteinpulver) in einer Rührschüssel vermengen.

3 Die Margarine hinzufügen und alles mit den Händen verkneten, bis eine bröselige Masse entsteht.

4 Dann die Buttermilch unterrühren, bis ein glatter Teig entsteht.

5 Das Mehl auf die Arbeitsplatte geben und den Teig dort mit den Händen zu einer Kugel formen. Diese zu einer etwa 3 cm dicken Scheibe ausrollen und mit einem Glas oder Förmchen den Teig ausstechen.

6 Die Scones auf einem Backblech mit Backpapier platzieren und mit Eigelb bepinseln. Dann für 15 - 20 Minuten backen, bis sie goldbraun sind.

7 Die Scones aus dem Ofen nehmen, kurz abkühlen lassen und, optional, mit Quark und zuckerfreier Erdbeermarmelade bestreichen.

Hauptgerichte

Süßkartoffeln-Erdnuss-Eintopf

Selbstgemachte Fischstäbchen

Hackbraten orientalischer Art

SÜßKARTOFFEL-ERDNUSS-EINTOPF

2 Port. | 35 Min. | Leicht

Zutaten (für 2 Portionen):

300 g Süßkartoffeln
1 Knoblauchzehe
1 Zwiebel (klein)
1 Dose gehackte Tomaten
2 EL Tomatenmark
300 ml Gemüsebrühe
1 Handvoll Blattspinat
1 Beutel/Tasse Vollkornreis
2 TL Currypulver
½ Bund Petersilie

Optional:
Chiliflakes, gehackte Erdnüsse

Nährwerte pro Portion:

319 kcal
30 g Kohlenhydrate
14 g Fett,
13 g Eiweiß

1 Die Süßkartoffeln in mundgerechte Stücke schneiden. Knoblauch und Zwiebel würfeln.

2 Einen Schuss Wasser in einem mittelgroßen Topf erhitzen. Knoblauch und Zwiebel darin anschwitzen, bis sie glasig werden.

3 Die Süßkartoffeln hinzugeben und für etwa 3 Minuten mit anbraten. Currypulver, Salz und Pfeffer hinzufügen und gut unterrühren. Wer mag, kann noch einige Chiliflocken ergänzen.

4 Das Ganze mit Gemüsebrühe ablöschen, die gehackten Tomaten hinzufügen und für 20 Minuten auf mittlerer Hitze köcheln lassen.

5 Währenddessen den Reis nach Packungsanleitung zubereiten und die Petersilie hacken.

6 Nach dem Köcheln Spinat und Erdnussbutter zu dem Eintopf geben und gut vermengen. Für weitere 5 Minuten köcheln lassen. Anschließend nochmals abschmecken.

7 Reis auf einem Teller oder in einer Schale platzieren und den Erdnusseintopf ergänzen. Mit gehackter Petersilie und, wenn gewünscht, gehackten Erdnüssen garnieren und genießen.

SELBSTGEMACHTE FISCHSTÄBCHEN

4 Port. | 45 Min. | Leicht

Zutaten (für 4 Portionen):

200 g Erbsen (TK)
600 g Bundmöhren
20 g Butter
2 TL Zucker
1 Zitrone
700 g Seelachsfilet
100 g Cornflakes
5 EL Mehl
2 Eier
2 EL Rapsöl

Nährwerte pro Portion:

535 kcal
53 g Kohlenhydrate
17 g Fett,
45 g Eiweiß

1 Die Erbsen auftauen lassen. Währenddessen die Möhren schälen und halbieren. Das Blattgrün bis auf etwa 0,5 bis 1 cm abschneiden. Die Zitrone waschen und die Schale abreiben sowie den Saft auspressen.

2 Butter und etwas Zucker in einer Pfanne erhitzen und die Möhren hinzugeben. Für etwa 2-3 Minuten dünsten lassen. Dann 50 ml Wasser hinzufügen und für 15 Minuten garen lassen. Etwa 5 Minuten vor Ende der Garzeit können die Erbsen hinzugegeben werden. Mit Zitronenabrieb sowie etwas Salz und Pfeffer abschmecken.

3 Den Fisch trockentupfen und in etwa 2 cm breite Streifen schneiden. Mit Salz und Pfeffer würzen. Die Cornflakes zerbröseln, die Eier verquirlen. Beides in separate Schalen oder tiefe Teller geben, ebenso wie das Mehl.

4 Nacheinander die Fischstreifen erst in Mehl, dann in Ei und anschließend in Mehl wälzen.

5 Öl in einer Pfanne erhitzen und die panierten Fischstäbchen darin goldbraun braten.

6 Die fertigen Fischstäbchen mit den Bundmöhren servieren.

HACKBRATEN ORIENTALISCHER ART

4 Port. | 60 Min. | Mittel

Zutaten (für 2 Portionen):

250 g Lammhackfleisch
100 g Feta
50 g Vollkorn-Semmelbrösel
1 Bund Petersilie
3 EL Harissa
150 g Aubergine
2 Schalloten
2 Knoblauchzehen
4 Tomaten
120 g Kichererbsen (Abtropfgewicht, Konserve)
1 EL Honig
1 EL Sesamsamen
2 EL Olivenöl
60 g Couscous
50 ml Gemüsebrühe
Gewürze: Kreuzkümmel, Paprikapulver, gemahlene Koriandersamen, Salz, Pfeffer

Nährwerte pro Portion:

660 kcal
52 g Kohlenhydrate
29 g Fett,
47 g Eiweiß

1 Den Backofen auf 180 Grad (Umluft) vorheizen.

2 Die Petersilie hacken und die Hälfte beiseitelegen. Die andere Hälfte mit Semmelbröseln, zerbröseltem Feta, Hack, und 1 EL Harissa vermengen. Dann mit den Gewürzen würzen.

3 Hackfleischmasse zu einem Laib formen und in einer großen Auflaufform für 15 Minuten im vorgeheizten Backofen backen.

4 Währenddessen Knoblauch und Schalotten schälen und hacken. Die Aubergine waschen und in kleine mundgerechte Würfel schneiden. Die Kichererbsen abtropfen lassen. Honig mit dem restlichen Harissa und den Sesamsamen verrühren. Die Tomaten waschen und vierteln.

5 Olivenöl in einer Pfanne erhitzen, Knoblauch und Schalotten darin glasig braten. Dann die Aubergine, Tomaten und Kichererbsen dazugeben und für 5 Minuten mit anbraten. Nun mit Brühe ablöschen und ggf. nochmals abschmecken.

6 Das Gemüse inkl. Sud in die Auflaufform zu dem Braten geben. Die Harissa-Honig-Mischung auf dem Hackbraten verteilen und für weitere 15 Minuten fertig garen. servieren.

Salate und Smoothie

Glasnudelsalat mit Räuchertofu

Thunfisch-Couscous-Salat

Würziger Salat mit Ziegenkäse und fruchtigem Topping

Energie-Shake mit Spinat, Apfel und Banane

GLASNUDELSALAT MIT RÄUCHERTOFU

1 Port.
15 Min.
Leicht

Zutaten (für eine Portion):

60 g Glasnudeln
1 Karotte
4 Cherrytomaten
1 Stange Frühlingszwiebel
1 TL Kokosöl
80 g Räuchertofu (alternativ normaler Tofu)

Für das Dressing:
1 Stück Ingwer
1 Knoblauchzehe
½ Limette (Saft)
2 EL Sojasoße

Optional:
Chiliflocken, gehackter Koriander

Nährwerte pro Portion:

491 kcal
58 g Kohlenhydrate
18 g Fett,
18 g Eiweiß

1 Die Glasnudeln mit kochendem Wasser übergießen und für 6 Minuten ziehen lassen.

2 Den Räuchertofu in Würfel schneiden und in einer Pfanne mit dem Kokosöl anbraten. Alternativ kann auch normaler Tofu verwendet werden, Räuchertofu schmeckt allerdings intensiver und würziger.

3 Die Frühlingszwiebel und die Karotte in dünne Streifen schneiden. Den Ingwer und den Knoblauch fein hacken und die Cherrytomaten vierteln.

4 Für das Dressing Ingwer, Knoblauch, Limettensaft, Sojasoße und optional die Chiliflocken miteinander vermengen. Mit etwas Salz und Pfeffer abschmecken.

5 Die fertigen Nudeln abgießen und abschrecken. Nudeln eine große Schüssel geben und das Dressing darüber verteilen. Alles gut vermengen.

6 Das geschnittene Gemüse und den angebratenen Tofu mit in den Salat geben, wenn gewünscht etwas nachwürzen und optional mit frischem Koriander garnieren.

THUNFISCH-COUSCOUS-SALAT

1 Port. | 20 Min. | Leicht

Zutaten (für eine Portion):

80 g Thunfisch aus der Dose (in Öl)
60 g Couscous
100 ml Gemüsebrühe (heiß)
6 Cherrytomaten
1 Ei (gekocht)
½ Avocado
Saft einer halben Zitrone
½ Bund Petersilie

Optional: Peperoni, Mais

Nährwerte pro Portion:

650 kcal
48 g Kohlenhydrate
33 g Fett,
35 g Eiweiß

1 Den Couscous in eine hitzefeste Schale geben, mit der heißen Gemüsebrühe übergießen und anschließend zugedeckt für 10 Minuten aufquellen lassen.

2 Den Thunfisch abgießen, dabei das Öl aus der Dose auffangen.

3 Die Cherrytomaten und die Avocado in mundgerechte Stücke schneiden. Petersilie hacken.

4 Alles mit dem Couscous vermengen.

5 Das Dressing zubereiten aus dem aufgefangenen Öl und dem Zitronensaft. Mit Salz und Pfeffer abschmecken.

6 Fertiges Dressing über den Salat geben, gut durchmixen und nochmals abschmecken.

7 Den Couscous-Salat auf einen Teller geben, das Ei darauf platzieren und optional mit Mais und Peperoni garnieren. Guten Appetit!

WÜRZIGER SALAT MIT ZIEGENKÄSE UND FRUCHTIGEM TOPPING

2 Port. 15 Min. Leicht

Zutaten (für 2 Portionen):

120 g Ziegenkäserolle
2 Feigen
10 Cherrytomaten
100 g gemischten Blattsalat
20 g Haselnüsse
2 EL Olivenöl
½ EL Apfelessig
2 EL Marmelade nach Wahl (zuckerfrei)

Nährwerte pro Portion:

459 kcal
12 g Kohlenhydrate
39 g Fett,
15 g Eiweiß

1 Die Ziegenkäserolle in Scheiben schneide und auf ein Backblech legen. Anschließend im vorgeheizten Backofen bei 230 Grad Ober-/Unterhitze für 3-5 Minuten backen.

2 Die Cherrytomaten und die Feigen vierteln. Den Blattsalat waschen.

3 Den Salat auf einen Teller geben. Mit Cherrytomaten, Feigen, Haselnüssen und dem Ziegenkäse garnieren.

4 Das Olivenöl und den Apfelessig über den Salat geben. Mit Salz und Pfeffer würzen.

5 Die zuckerfreie Marmelade auf den Ziegenkäse-Stückchen platzieren und servieren.

ENERGIE-SHAKE MIT SPINAT, APFEL UND BANANE

2 Port. 5 Min. Leicht

Zutaten (für einen Shake):

1 Banane
½ Apfel
1 Handvoll Spinat
50 ml Wasser

Nährwerte pro Portion:

386 kcal
21 g Kohlenhydrate
5 g Fett,
3 g Eiweiß

1 Alle Zutaten in einen Mixer geben und solange mixen, bis ein leckerer Smoothie entstanden ist.

BONUS: 10 ENTSPANNUNGSTECHNIKEN FÜR LEADER

Als Führungskraft werden Sie mit vielen Krisen und Herausforderungen im Berufsalltag konfrontiert. Infolgedessen bauen sich Stress und negative Gedanken auf, die Sie irgendwie wieder loswerden müssen, um nach Feierabend abschalten zu können. Damit Sie diese negativen Stimmungen nicht pausenlos mit „nach Hause nehmen" und sich dort weiter mit der Arbeit beschäftigen, kommen hier 10 effektive Entspannungstechniken, mit denen Sie garantiert Abstand zum stressigen Joballtag bekommen. Jetzt ist es Zeit für etwas Selfcare!

Bauchatmung

In den Bauch atmen ist eine der effektivsten Übungen gegen Stress. Sie fragen sich, wie das genau funktioniert? Unser wichtigster Atemmuskel, das Zwerchfell, hilft dabei.

Legen Sie sich in entspannter Haltung auf den Boden. Wenn Sie möchten, können Sie eine Yoga-Matte oder alternativ eine Decke unterlegen. Platzieren Sie nun eine Hand so auf Ihrem Bauch, dass der Mittelfinger auf Ihrem Bauchnabel liegt. Die andere Hand platzieren Sie auf Ihrem Brustbein. Das ist die Grundposition für die Bauchatem-Techniken.

Es gibt **zwei** verschiedene **Bauchatmungs-Techniken**, die Sie als Vergleich ausprobieren können:

1. Tiefe Bauchatmung: Atmen Sie entspannt und locker ein. Beobachten Sie dabei, wie sich Ihr Bauch nach dem Einatmen langsam hebt und mit dem Ausatmen senkt. Ihr Brustbein bleibt da-bei größtenteils unbewegt. Nehmen Sie Ihre Atmung ganz bewusst wahr und konzentrieren Sie sich nur darauf. Nach einigen Atemzügen sollte sich zunehmend Entspannung und Ruhe bilden.

2. Paradoxe Bauchatmung: Schieben Sie Ihren Bauch nun noch etwas weiter nach vorne. Die Bauchwölbung kann auch völlig ohne Einatmung erfolgen. Beobachten Sie nun, wie der Brust-korb nach innen gesogen wird und dann in sich zusammenfällt. Grund dafür ist die Sogwirkung Ihres Zwerchfells. Es kann sein, dass Sie bei dieser Atmung Angst oder Stress fühlen. Diese Atemtechnik hat aber auch ihre guten Seiten, von denen Sie profitieren können. Die Bauchor-garne werden intensiv massiert und die Verdauung wird dadurch angeregt.

Sie sehen, zwei ähnliche Atemtechniken können völlig unterschiedliche Wirkungen haben. Achten Sie daher beim Bauchatmen – wenn Sie auf Ruhe und Entspannung hinarbeiten wollen – auf die aktive Nutzung Ihres Brustraums beim Atmen.

Jacobsen-Training

Möglicherweise haben Sie von dieser Technik schon einmal etwas gehört, sie ist auch bekannt als „Progressive Muskelentspannung“ und geht zurück auf den US-Arzt

Edmund Jacobson, der erforscht hat, inwiefern unsere seelischen Belastungen mit angespannten Muskeln zusammen-hängen. Er fand eine Methode, mit der der Druck gelöst werden sollte. Übrigens: Diese Technik eignet sich nicht nur zum Entspannen, es ist auch eine der effektivsten Übungen zum Einschlafen!

Legen Sie sich zunächst bequem auf den Rücken. Entweder auf den Boden mit einer Yoga-Matte, oder auf das Bett oder Sofa. Schließen Sie die Augen und gehen Sie gedanklich von Ihren Füßen bis zu Ihrem Kopf. Versuchen Sie, jedes Körperteil bewusst wahrzunehmen und für einige Se-kunden sehr fest anzuspannen. Anschließend die Spannung lösen und mit dem nächsten Körperteil weitermachen. Das kurze Anspannen hilft, innere Blockaden zu lockern und die Gedanken auf Ihren Körper zu fokussieren, statt auf die Probleme und Sorgen des Alltags.

Autogenes Training

Unser autonomes Nervensystem wird durch autogenes Training reguliert. Mit der Gedanken-kraft wird quasi das autonome Nervensystem gesteuert. Dieses arbeitet grob vereinfacht erklärt mit zwei Schaltkreisen; Der Sympathikus löst Anspannung, der Parasympathikus Entspannung aus. Natürlich ist die Anspannung ein wichtiger und notwendiger Teil im alltäglichen Leben, denn in Gefahrensituationen sorgt diese dafür, dass wir schnell auf die Situation reagieren können. Der entscheidende Punkt ist das Gleichgewicht zwischen beiden

Schaltkreisen. Wenn Sie ständig innerlich unter Druck, Stress oder Unruhe leiden, ist aber genau dieses Gleichgewicht gestört. Der Parasympathikus kann nicht aktiv arbeiten und so fehlen die wichtigen Entspannungsimpulse. Autogenes Training kann Ihnen dabei helfen, beide Schaltkreise wieder zu regulieren und das Gleichgewicht wiederherzustellen. Für folgende Zwecke kann das Training angewendet werden:

- Ängste lösen
- Stress lösen
- Schmerzen reduzieren
- Schlafstörungen beseitigen
- Kreativität fördern
- Selbstwertgefühl steigern
- Konzentrationsfähigkeit verbessern

Sie sehen, autogenes Training lässt sich für eine Vielzahl von Beschwerden einsetzen. Testen Sie, inwieweit Sie dieses Training beim Bewältigen des Alltags unterstützen kann. Grundsätzlich ist das autogene Training für jede Person geeignet, allerdings fällt es manchen leichter und manchen schwerer. Für den Anfang ist es empfehlenswert, einen Kurs unter professioneller Leitung dazu zu besuchen oder zumindest eine Art von Sprachführung zu nutzen, beispielsweise mit einer CD oder einem geführten autogenen Training auf Videoplattformen im Internet. Schauen Sie, was für Sie am besten funktioniert.

Es gibt viele Arten von Haltungen, Übungen und Formeln, hier wird Ihnen die **Ruheübung** erläutert, die Ihnen beim Entspannen helfen soll:

1. Suchen Sie sich einen ruhigen Ort und nehmen Sie eine Übungshaltung ein (liegend/sitzend).
2. Schließen Sie Ihre Augen, wenn Sie ausatmen.
3. Nun stellen Sie sich einen Ort vor, mit dem Sie Entspannung und Ruhe verbinden. Um die Vor-stellung zu festigen, denken Sie an Eindrücke, Gerüche und Geräusche an diesem Ort.
4. Konzentrieren Sie sich auf Ihren Körper, abschweifende Gedanken lassen Sie vorüberziehen.
5. Wiederholen Sie die Formel „Ich bin ruhig. Ich bin ganz ruhig" geduldig und monoton drei- bis sechsmal in sich hinein.
6. Nehmen Sie Ihren Körper dabei bewusst war und spüren Sie, wie er ruhiger wird.
7. Der letzte Schritt ist die Rücknahme, die Ihren Körper aus der Trance „zurückholt". Auch hier-für gibt es verschiedene Methoden. Versuchen Sie bspw. die Formel „Arme fest! Atmung tief! Augen auf!" laut auszusprechen. Dabei atmen Sie mehrmals tief ein und aus und strecken dabei alle Körperteile von sich. Wenn Sie sich anschließend noch benommen fühlen, wiederholen Sie dies.

Wichtig ist, dass das autogene Training meist nicht direkt nach dem ersten Mal wirkt. Sie müssen die Technik zunächst regelmäßig praktizieren und verinnerlichen, wie das Training funktioniert. Wenn Sie diesen Punkt erreicht haben, genügen täglich ein oder zwei kurze Trainingseinheiten je 5 Minuten. Generell gilt: Trainieren Sie lieber häufiger und kurz als bspw. nur einmal wöchentlich und dafür eine längere Zeit. Nach etwa einem Monat werden Sie merken, dass diese Art Training Ihr alltägliches Leben und den Umgang mit Stress nachhaltig verbessert.

Qi Gong

Qi Gong bezeichnet eine aus dem Chinesischen stammende Tradition, die aus Atem-, Bewegungs- und Meditationsübungen besteht. Von außen betrachtet sehen die Übungen oftmals so aus, als würden sie in Zeitlupe durchgeführt werden. In China ist Qi Gong nach wie vor sehr beliebt und spielt eine wichtige Rolle, um den Fluss des Qi, also der Lebensenergie, zu harmonisieren und die Gesundheit langfristig zu pflegen. Auch in der TCM, der Traditionellen Chinesischen Medizin, ist Qi Gong tief verankert und stellt eine wichtige und oft angewandte Behandlungsmethode dar. Aber wieso ist das Qi so wichtig?

In der traditionellen chinesischen Kultur stellt man sich vor, dass diese Lebensenergie durch die Meridiane, also Energiebahnen, fließt und so unsere verschiedenen Organe und Körpersysteme erreicht und mit Qi versorgt. Dieses sammelt sich im „Tor zum Himmel", dem Bereich unterhalb des Bauchnabels. Wenn das Qi ausgeglichen und im Fluss ist, sind alle Teile des Körpers mit ausreichend Lebensenergie versorgt und der Mensch ist gesund. Wenn allerdings das Qi nicht gleichmäßig verteilt ist oder sich in bestimmten Bereichen staut, fühlt sich der Mensch unwohl und wird krank.

Qi Gong bietet viele verschiedene Übungen, die sich allesamt auf die Bereiche Atmung, Bewegung oder Meditation konzentrieren. Wenn Sie sich noch nie mit Qi Gong beschäftigt haben, sollten Sie das unbedingt nachholen! Wer weiß, vielleicht ist das die perfekte Art der Entspannung für Sie. Als kleiner Einstieg in das Thema kommt hier eine genaue Anleitung zu dem „Qi Gong der 5 Wandlungsphasen", welche auf der daoistischen Philosophie basieren und die der Erklärung natürlicher Prozesse des Wandels im menschlichen Dasein sowie der Natur erklären sollen. Die 5 Phasen, auf denen diese Übungsabfolge basiert, sind Holz, Feuer, Erde, Metall und Wasser.

Holzübung: Schulterbreit hinstellen, sodass die Füße parallel nach vorne zeigen. Die Arme seitlich etwas öffnen. Langsam nach unten sinken lassen, die Knie dabei so beugen, dass die Bewegung locker und entspannt bleibt. Ihre Hände bewegen Sie vor Ihrem Körper, die Handrücken aneinandergelegt und mit den Fingerspitzen nach unten zeigend. Dann richten Sie Ihren Körper wieder auf, Ihre Hände folgen dabei der Bewegung des Körpers. Wenn Sie die Mitte des Tors zum Himmel mit Ihren Händen erreicht haben, drehen Sie Ihre Fingerspitzen nach oben. Wenn Sie am oberen Bereich des Tors zum Himmel angekommen sind, drehen Sie die Handflächen zueinander und bewegen sich anschließend langsam weiter bis über Ihren Kopf. Öffnen Sie die Arme seitlich und lassen sie sie langsam sinken, dabei die Ellbogen und Schultern entspannen lassen. In der Höhe der Schultern drehen Sie die Handflächen nach unten. Während der Übung je zweimal entspannt ein- und ausatmen.

Feuerübung: Mit den Armen einen Kreis bilden und diese bis Brusthöhe anheben. Drehen Sie nun einen Fuß nach links und öffnen Sie die Arme mit einer langsam nach vorne stoßenden Bewegung, bis Sie etwa die Schulterbreite erreicht haben. Nun die Bewegung langsam zurück-nehmen und den Fuß wieder parallel ausrichten. Das Gleiche mit dem rechten Fuß machen und die Übung wiederholen. Dann die Bewegung im Parallelstand nach vorne wiederholen. Dabei je dreimal entspannt ein- und ausatmen.

Erdeübung*:* Kreuzen Sie die Arme hängend vor dem Körper und heben Sie die Arme bis auf Magenhöhe. Drehen Sie die Hände, legen Sie diese aufeinander und lassen Sie sie dann sinken, während sie sich zu den Seiten hin öffnen. Dabei je einmal entspannt ein- und ausatmen.

Metallübung: Legen Sie Ihre Handrücken locker aneinander und heben Sie die Hände von der linken Körperseite langsam bis über Ihren Kopf. Die rechte Ferse hebt sich dabei. Machen Sie vor Ihrer Körpermitte eine „schneidende" Bewegung mit Ihren Händen und heben Sie sie dann wieder langsam über den Kopf, dieses Mal auf die rechte Körperseite. Dort wiederholen. Dabei je zweimal entspannt ein- und ausatmen.

Wasserübung: Den Körper langsam sinken lassen, die Arme heben Sie währenddessen. Dann den Körper heben und die Arme sinken lassen. Währenddessen je einmal ein- und ausatmen.

Tai Chi

Tai Chi vereint Bewegungstherapie mit Meditation und Selbstverteidigung. Genau wie beim Qi Gong geht es auch hier darum, das Qi in Fluss und Körper und Geist in Einklang zu bringen. Beim Tai Chi kommt noch die Komponente der Selbstverteidigung dazu, es ist quasi das chinesische Schattenboxen. Während diese Form der Kampfkunst zur Selbstverteidigung entwickelt wurde, so wird Tai Chi inzwischen eher als Bewegungstherapie oder Meditation praktiziert. Es hilft beim Stressabbau und wirkt ausgleichend auf Körper und Psyche. Die Bewegungen sind wie beim Qi Gong nie schnell oder hektisch, sondern ruhig und langsam. Im Fokus stehen die Atmung, die Körperspannung sowie die Achtsamkeit, mit der alle Bewegungen ausgeführt wer-den.

Der wesentliche Unterschied zwischen Tai Chi und Qi Gong ist also, dass das eine Kampfkunst-Elemente enthält und das andere nicht. Beide Techniken sind aber in Sachen Stressabbau effektiv, testen Sie einfach, welches Ihnen eher zusagt.

Es gibt **zehn Grundprinzipien, die Sie bei jeder Übung des Tai Chi beachten sollten**:

- Ihr Kopf ist aufgerichtet ohne Spannung
- Ihr Rücken ist gerade, Ihre Brust halten Sie etwas zurück
- Ihre Taille ist locker
- Ihr Gewicht ist gleichmäßig verteilt
- Ihre Ellbogen und Schultern hängen entspannt nach unten
- Es zählt nicht das Li (Kraft), sondern das Yi (Intention)
- Es muss auf die Harmonie zwischen Außen und Innen geachtet werden
- Die Bewegungen müssen fließen
- Die Bewegungen müssen ruhig ausgeführt werden

Tai Chi ist ebenso wie Qi Gong nichts, was man binnen 10 Minuten erlernen kann. Aber einzelne Übungen können Ihnen bereits helfen, eine Entspannung für Körper und Seele zu erreichen. Es gibt für Interessierte in jeder größeren Stadt Kurse, die diese traditionell chinesischen Arten der Bewegung unterrichten. Falls Sie also die Übungen neugierig machen, informieren Sie sich, ob es nicht auch in Ihrer Nähe passende Kurse dazu gibt.

Als kleinen Einstieg wird Ihnen nun eine **einfache Übung erklärt, die das Prinzip des Tai Chi verdeutlichen soll**. Dabei ist stets auf die zehn o.g. Grundprinzipien zu achten.

1. Grundposition: Beine hüftbreit parallel zueinander, aufrechte Haltung, Arme entspannt
2. Beugen Sie leicht Ihre Knie. Achten Sie dabei auf einen ausbalancierten und sicheren Stand
3. Führen Sie die Arme vor dem Bauch rund zusammen, als würden Sie einen Ball halten.
4. Mit der Einatmung führen Sie Ihre Arme langsam nach oben bis auf Brusthöhe. Die Beine sind dabei gestreckt und die Handgelenke sollten lecker nach unten hängen.
5. Wenn die Arme Schulterhöhe erreicht haben, werden diese mit der Ausatmung langsam wie-der Richtung Boden geführt. Gehen Sie dabei wieder leicht in die Knie und kommen Sie in die Ausgangsposition zurück.

Spazieren gehen

Das ist wohl die bekannteste Form von Entspannungsübungen und dennoch kommt sie bei den meisten Leuten viel zu wenig zum Einsatz. Nach einem stressigen Tag als Führungskraft wirkt das Sofa natürlich sehr verlockend, denn Ihr Körper und Ihr Geist sehnen sich nach Entspannung. Leider ist genau das die verkehrte Herangehensweise. Denn alle negativen Gedanken des Tags und der ganze Stress lastet Ihnen noch auf der Seele. Wenn Sie sich jetzt einfach auf die Couch setzen und versuchen, zu entspannen, wird das meist nicht funktionieren. Denn Ihr Ge-hirn kann noch gar nicht richtig abschalten. Geben Sie sich daher die Gelegenheit, alle negativen Gedanken des Tages auch zu verarbeiten, um dann entspannt abschalten zu können.

Das klappt super bei einem Spaziergang. Dabei müssen Sie gar nicht zwingend mehrere Stunden draußen herumlaufen, eine halbe Stunde genügt meistens völlig. Lassen Sie Ihren Tag Revue passieren, während Sie spazieren gehen. Wenn es Ihnen hilft, gehen Sie die kniffligen Situationen Ihres Tages nochmal durch und überlegen Sie, was gut und was schlecht gelaufen ist und wie Sie alternativ hätten reagieren können. Denn genau diese Gedanken sind es, die Sie sonst nicht loslassen können und die Ihre Freizeit mit negativen Stimmungen belastet.

Wenn Sie gedanklich den Tag durchgespielt haben, versuchen Sie anschließend noch etwa zehn Minuten ohne negative Gedanken spazieren zu gehen. Konzentrieren Sie sich dabei auf Ihre Umgebung, spielende Kinder, tobende Hunde oder die Blumenknospen, die dabei sind aufzublühen. Oder entdecken Sie Ihren Wohnort neu: Wo werden neue Häuser gebaut? Wie haben sich die Gärten in Ihrem Viertel verändert? Wichtig ist gar nicht, woran Sie genau denken, sondern nur, dass Sie nicht mehr an die Arbeit denken!

Spaziergänge lassen sich auch super mit anderen hier vorgestellten Entspannungstechniken verbinden, beispielsweise mit Atemübungen oder mit Fantasiereisen. Probieren Sie einfach ein paar Dinge aus und finden Sie Ihre persönliche Entspannungs-Technik!

Fantasiereisen

Während die meisten Entspannungstechniken dafür gedacht sind, die negativen Gedanken im Kopf zu beruhigen, sind Fantasiereisen dafür gedacht, diese Gedanken „umzuleiten“. Versetzen Sie sich gedanklich in eine andere Welt, in der die Alltagssorgen keine Rolle mehr spielen und in der Sie entspannen können. Es gibt eine Menge „geführter“ Fantasiereisen, die Sie im Internet finden. Diese sind meist sehr langsam vorgetragen, damit Sie sich während des Zuhörens an den Ort in der Geschichte versetzen können. Wenn Ihnen das nicht zusagt, können Sie natürlich auch Ihre ganz eigene Fantasiereise machen. Denken Sie bspw. an den Ort Ihres letzten Urlaubs zu-rück und versuchen Sie, sich an die Gerüche, das Essen und die Sonnenstrahlen auf Ihrer Haut zu erinnern. Beamen Sie sich geistig an diesen oder einen anderen Ort, mit dem Sie Entspannung verbinden, zurück und machen Sie gedanklich genau das, was Sie gerade machen wollen. Was erleben Sie an diesem Ort? Was möchten Sie machen? Begegnen Sie interessanten Menschen oder Tieren? Ihrer Fantasie sind keine Grenzen gesetzt!

Letztendlich funktioniert eine Fantasiereise überall, egal, ob Sie im Büro sitzen, Zuhause sind oder draußen auf einer Parkbank sitzen. Das ideale Umfeld gibt es nicht, lediglich ein paar Voraussetzungen, die die Fantasiereise optimieren und noch entspannender machen können. Achten Sie auf eine entspannte und nicht verkrampfte Haltung und atmen Sie bewusst und ruhig. Lassen Sie sämtliche körperliche Anspannung los und versuchen Sie sich nur noch auf Ihre Reise zu konzentrieren. Wenn es Ihnen hilft, können Sie dabei ruhige Musik oder Naturgeräuschen lauschen, um die Entspannung noch zu steigern. Testen Sie diese Technik unbedingt! Wenn Sie sie für Sie perfektioniert haben, können Sie Ihrem Stress entfliehen, egal wo Sie sind.

Pilates

Auch beim Pilates gilt das Motto „In der Ruhe liegt die Kraft“. Die Bewegungen werden kraftvoll, ruhig und ohne Schwung ausgeführt. Denn ganz ohne schweißtreibendes Rumhüpfen zu lauten Bass-Beats formt Pilates nicht nur Ihre Silhouette in Topform, sondern bringt auch Ihren Geist wieder ins Gleichgewicht. Der entscheidende Vorteil von Pilates: Ihr Bewusstsein für Ihren Körper wird geschärft und sich selbst etwas Gutes zu tun steht im Vordergrund. Denn allzu oft erwarten wir in der Eile des "schnell abzunehmen"-Gedankens zu viel von unserem Körper.

Wenn Sie abnehmen wollen, sollten Sie immer Ausdauertraining und Krafttraining kombinieren. Pilates eignet sich hervorragend für den Kraftteil, denn die Muskeln, insbesondere die Rücken- und Bauchmuskulatur, werden durch gezielte Atemrhythmen gedehnt und gleichzeitig gestärkt. Pilates fördert außerdem eine gesunde Körperhaltung, stärkt Ihre Tiefenmuskulatur und ist zudem noch super für die Stressbewältigung – ein wahres Allround-Selfcare-Paket Während herkömmliches Muskeltraining sich eher auf die obersten Muskeln bezieht, stärkt Pilates vor allem die tiefersitzende Muskulatur. Das Zentrum, auf das sich Pilates fokussiert, ist das Power-house, welches die Muskeln rund um den

Beckenboden und die Wirbelsäule bezeichnet. Eine gut trainierte Mitte sorgt nicht nur für eine straffere Silhouette, sondern fördert auch die gesunde Körperhaltung. Darüber hinaus wird der ganze Körper schonend trainiert und die Gelenke, Sehnen und Bänder flexibel gehalten. Ihre Atmung setzen Sie gezielt ein, um die Übungen zu intensivieren und die Entspannung noch zu erhöhen.

Testen Sie als kleinen Einstieg die folgende **Pilates-Übung**, die wirksam gegen Stress ist:

1. Legen Sie sich auf den Rücken, entweder auf den Boden oder eine Sportmatte
2. Strecken Sie zunächst Ihre Beine normal aus
3. Heben Sie ein Bein langsam um mindestens 45 Grad nach oben, atmen Sie dabei bewusst aus
4. Nun machen Sie eine drehende Bewegung mit dem gehobenen Bein, dabei bewusst einatmen
5. Achten Sie auf eine nicht zu ausladende Bewegung und auf das Anspannen Ihrer Bauchmuskeln
6. Wiederholen Sie die Übung 10 bis 20 Mal und wechseln Sie dann das Bein.

Yoga

Anders als beim Pilates steht beim Yoga der Geist noch mehr im Fokus. Yoga verfolgt das Ziel, diese beiden Komponenten unseres menschlichen Daseins zu vereinen und dadurch Zufriedenheit und innerer Ruhe hervorzurufen. Yoga macht gesund und glücklich – das belegen Studien, die seit einigen Jahren dazu gemacht werden. So konnten Forscher beispielsweise bei nur zweieinhalb Stunden Yoga wöchentlich einen positiven Effekt auf Menschen mit Depressionen, Bluthochdruck und Herzerkrankungen beobachten. Doch auch Durchblutungs- und Schlafstörungen, chronische Kopf- und Rückenschmerzen lassen sich durch regelmäßiges Yoga lindern.

Vor dem Hintergrund der bewiesenen positiven Auswirkungen auf die Gesundheit von Körper und Seele übernehmen viele Krankenkassen inzwischen die Kosten für einen Yogakurs komplett oder zumindest teilweise. Der Ursprung des Yogas findet sich im Hinduismus und Buddhismus. In Deutschland gibt es über drei Millionen Yoga-Fans. Eine schöne Sache bei Yoga ist, dass es für Menschen jeden Alters und jeder Erfahrung geeignet ist. Für blutige Anfänger ist es jedoch empfehlenswert, dass zunächst ein professioneller Yogakurs besucht wird, um Verletzungen zu vermeiden und direkt von Anfang an zu lernen, wie die Übungen richtig ausgeführt werden.

Wenn Sie keinen Präsenzkurs machen wollen, sollten Sie sich zumindest ein paar Video-Tutorials ansehen, um ins Thema einzusteigen.

Die folgende **Übung**, der **Sonnengruß**, ist die wohl bekannteste Yoga-Übung:

1. Stellen Sie sich aufrecht hin, Ihre Füße stehen dabei parallel zueinander, Schultern zurück

2. Legen Sie die Handinnenflächen vor Ihrem Brustkorb aneinander, lassen Sie dabei die Daumen leicht abstehen und Ihren Brustkorb berühren
3. Nehmen Sie sich in dieser Haltung einen Moment, um einige Male bewusst zu atmen
4. Atmen Sie ein und führen Sie Ihre Arme langsam mit einer kreisförmigen seitlichen Bewegung über den Kopf, bis sich die Handflächen berühren. Langsam zurücklehnen und nach oben blicken
5. Beim Ausatmen führen Sie die Bewegung zurück und beugen sich Wirbel für Wirbel langsam nach unten, bis Ihr Kopf vor Ihrem Schienbein ist
6. Nun den rechten Fuß mit einem großen Ausfallschritt nach hinten bringen, den Blick heben und die Schultern nach unten ziehen. Mit den Händen am Boden abstützen
7. Den linken Fuß neben den rechten Fuß bringen, dabei in eine Art Liegestütz-Position gehen
8. Die Knie etwas anwinkeln und den Oberkörper Richtung Boden bewegen
9. Nun bringen Sie langsam den gesamten Körper zum Boden, sodass Sie fast flach liegen
10. Beginnen Sie dann, Ihren Oberkörper langsam zu heben, dabei mit den Händen abstützen
11. Gehen Sie aus dieser Bewegung langsam in den herabschauenden Hund, dafür Oberkörper und Arme in einer Linie behalten und die Beine leicht anwinkeln
12. Wieder in den Ausfallschritt gehen und anschließend beide Beine im Stand zusammenführen, dabei berührt Ihr Kopf wieder fast Ihre Schienbeine

13. Langsam Wirbel für Wirbel hochrollen und die Arme dabei mit einer kreisenden Bewegung seitlich des Körpers nach oben über Ihren Kopf bringen
14. Abschließend führen Sie wieder Ihre Hände vor Ihrem Brustkorb zusammen

Meditation
Der Ansatz verschiedener Meditationstechniken ist es, als mentales Training innere Ruhe und Gelassenheit in Körper und Geist hervorzurufen. Das gilt nicht nur für die Dauer des Trainings, sondern auch außerhalb des Trainings verhilft Meditation zu mehr Gelassenheit bei gängigen Stresssituationen im beruflichen und privaten Alltag. Es gibt unzählige Meditationsansätze und Übungen, die alle eins gemeinsam haben: Während der Übung wird die Konzentration auf eine bestimmte Sache gelenkt, beispielsweise eine bewusste Atmung. Wichtig ist, dass es kein Patent-rezept für die „richtige" Meditation gibt. Sie müssen sich aktiv an das Thema herantasten und ausprobieren, welche Meditationsübungen für Sie passend sind und Ihnen weiterhelfen. Sie sollten sich dabei wohlfühlen und es gerne machen, statt sich täglich dadurch gestresst zu fühlen, dass Sie noch meditieren müssen – das wäre der verkehrte Weg, wir wollen ja den Stressabbau und nicht den Stressaufbau praktizieren. Nehmen Sie sich Zeit und Ruhe, ziehen Sie sich an einen Ort zurück, an dem Sie sich sicher und geborgen fühlen. Wenn Sie um sich herum viele Ablenkungen haben,

können Sie Ihre Aufmerksamkeit nicht konzentriert auf eine bestimmte Sache lenken.

Die im folgenden Absatz beschriebene **Pferde-Meditation** soll besonders wirkungsvoll gegen Stress und Überforderung wirken und Ihnen helfen, sich zu regenerieren. Sie ist nicht so zeitintensiv wie manch andere Übung und kann so auch in kurzen Ruhephasen praktiziert werden:

1. Machen Sie es sich bequem, ob sitzend oder stehend ist Ihnen überlassen. Seien Sie entspannt
2. Schließen Sie Ihre Augen
3. Stellen Sie sich vor, Sie sind auf einer Weide und die Sonne lacht vom Himmel. Um Sie herum sind keine Bäume, Sträucher oder Gebäude zu sehen. Sie bewegen sich Richtung Horizont und nehmen dabei einleuchtend weißen Schimmel wahr, der im Sonnenlicht zufrieden grast. Das Pferd bemerkt Sie, hebt seinen Kopf und kommt langsam auf Sie zu
4. Die Begegnung mit dem Pferd nehmen Sie als angenehm und vertraut wahr. Sie spüren die weichen Nüstern auf der Haut und genießen den wohlig-warmen Atem des Pferdes
5. Ihren Atemrhythmus gleichen Sie an den des Tieres an und blicken ihm tief in die Augen
6. Streicheln Sie langsam die wallende Mähne und fahren den Kopf und den Hals hinab, bis Sie den Rücken des Pferdes erreichen

7. Nun schwingen Sie sich mit einem energischen Schwung auf den Rücken des Tieres und beginnen, mit ihm zu traben und anschließend zu galoppieren. Das Pferd hebt mit Ihnen vom Bo-den ab

8. Lenken Sie Ihre Konzentration auf den Rhythmus des Galopps, der mit der Zeit weicher und schwächer wird. Sie reiten durch einen angenehm kühlen und hellen Nebel

9. Die Konturen des Pferdes beginnen zu verblassen und Sie lösen sich von dem Tier, um selbständig mithilfe Ihrer Arme durch die Lüfte zu schweben

10. Mit jedem „Flügelschlag“ kommen Sie der Sonne ein Stück näher. Sie drehen sich nach einer Weile in die Senkrechte, umschließen Ihren Körper mit Ihrem Armen und landen ganz langsam und behutsam wieder auf der Erde

Notizen

Danksagung

Ich möchte mich bei Ihnen für den Kauf dieses Buches bedanken und wünsche Ihnen, dass Sie mithilfe dieses Ratgebers mit Leichtigkeit eine bessere Führungskraft werden. Nutzen Sie die KRAFT, die in dem Wort Führungskraft steckt und motivieren Sie sich und Ihre Mitarbeiter ehrlich und von Herzen! Entdecken Sie neue Arbeitsfreude und lassen Sie Ihr Team daran teilhaben! Bringen Sie Mehrwert und Stärke in Ihre Arbeit ein und vergessen Sie nicht, sich selbst zu pflegen und sich regelmäßig und nicht zu selten Gutes zu tun!

Über den Autor

Alexander Große wurde 1971 in Ludwigsburg in der Nähe von Stuttgart als drittes Kind einer Unternehmerfamilie geboren und lebt heute mit seiner Frau und seinen beiden Pflegekindern in Nürnberg. Er blickt auf eine 25-jährige Erfahrung als Geschäftsführer einer Einzelhandelskette zurück, hat 3000 Mitarbeiter geführt und 60 Standorte geleitet.

Große hat in den letzten Jahren zahlreiche Seminare zum Thema Unternehmensführung mitentwickelt und ist gefragter Speaker und Coach. Seine große Leidenschaft ist nebenbei das Schreiben. So entstehen nach und nach praxisnahe Bücher zum Thema Karriere und Leadership aus Großes Feder.

Impressum und Rechtliches

Leader von heute
10 Führungskompetenzen einer erfolgreichen und modernen Führungskraft

1. Auflage 2021
Herausgeber: Michael Kuhn
Autor: Alexander Große
Cover: GEIZENRING DESIGNS

Für Fragen und Anmerkungen
Onlinebuecher.ecommerce@web.de

Printed in Germany
by Amazon Distribution
GmbH, Leipzig

25233734R00084